BLV Ratgeber Essen und Trinken

Ich helf dir kochen · Gerichte aus dem Schnellkochtopf
Hausgemachtes für Küche und Keller · Fisch in der Küche
Das Käsebuch · Neue Kalte Küche · Wild in der Küche
Knuspriges Brot aus dem eigenen Ofen · Selbstgebackenes
Das praktische Buch vom Wein

BLV Kochpraxis

Engelsbrot und Eisenkuchen · Köstliches aus der Pilzküche
Nudel & Nudel · Paradiesische Apfelküche
Pasteten, Torten und Strudel · Spargel einfach Spitze
Überbackenes, Aufläufe und Puddings

BLV Idee & Praxis – Essen und genießen

1 × 1 der richtigen Ernährung · Gesunde Wildkräuterküche
Kartoffeln rund und gesund · Die Kunst schlank zu bleiben
Die Kunst Tee zu trinken · Obstkuchen – Obsttorten
Selber backen mit Vollkorn · Selbstgemachte Marmeladen und Gelees
Selbstgemachtes aus der Küche zum Verschenken
Vom Frühstück zur Mitternachtssuppe · Weihnachtliche Bäckerei

Fachbücher für die Gastronomie

Buffets und Empfänge · Fische und Krustentiere
Fleisch · Wild und Geflügel

Zum Thema »Lebe gesund«

Diät-Ratgeber für Diabetiker · Kochbuch für Leber- und Gallendiät
Es schmeckt auch ohne Fleisch
Kochbuch für die ballastreiche Ernährung · Reformkost für alle Tage
Richtig essen wenn man älter wird · So ernährt man Kinder richtig
Vollwertkost mit Genuß · Von der gesunden Lebensweise

Weitere BLV Kochbücher

Bayrische Kuchl · Feld-, Wald- und Wiesenkochbuch
Gefrieren, Konservieren
Das große BLV Buch der Kräuter & Gewürze
Gute alte Bauernküche · Hasenöhrl und Kirmesfladen
Ich helf dir backen · Kochen mit Rundum-Hitze
Mikrowelle · Schnell ein Essen für uns zwei
Südtiroler Leibgerichte

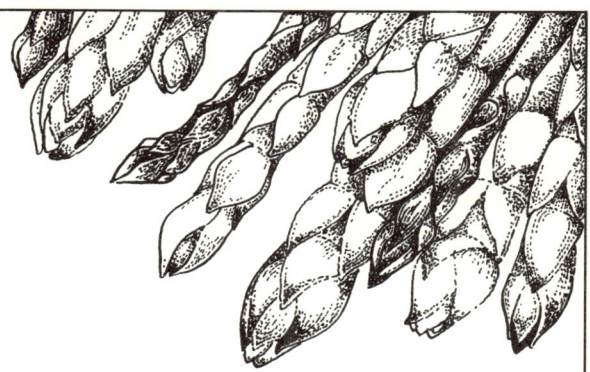

Peter Bührer

Spargel
einfach Spitze

BLV Verlagsgesellschaft
München Wien Zürich

CIP-Kurztitelaufnahme der Deutschen
Bibliothek

Bührer, Peter:
Spargel einfach Spitze / Peter Bührer. –
München; Wien; Zürich:
BLV Verlagsgesellschaft, 1985.
(BLV Kochpraxis)
ISBN 3-405-13048-4

Bildquellen

Farbfotos
Gisler & Gisler, Zürich
Seiten 33, 85 (unten), 103
Visual Photo Studio, Zürich
Seite 67, 85 (oben) und Titelbild

Schwarzweißfotos
Heinrich Meier, Flaach
Seiten 16, 17
Thomi + Franck, Basel
Seiten 25, 27, 30

Fotos der Spitzenköche
Walter Bayer, München, Seite 60
Comet, Zürich, Seite 37
Otto Haas, München, Seite 58
Xaver Jehle, Schaan/FL, Seite 52
Henry Lévy, Berlin, Seite 45
Andreas Lüssenhop, Hannover, Seite 46
Official Photograph, The White House,
Washington, Seite 42
Seppi Renggli, New York, Seite 54
Photostudio Rohner, Zürich, Seiten 40, 41,
43, 44, 55
Freddy Rohrer, Zürich, Seiten 49, 51, 56, 59
Bela Unger, Göteborg, Seite 57
Hans-Peter Wodarz, Wiesbaden, Seite 61
Norbert Ziörjen, Saint-Blaise, Seite 62

© 1985 BLV Verlagsgesellschaft mbH,
München

Gesamtherstellung: Ludwig Auer,
Donauwörth

Printed in Germany
ISBN 3–405–13048–4

Inhalt

Geleitwort

Es ist nicht einzusehen, warum in einer Zeit, da bereits zwanzigjährige Fotomodelle Memoiren verfassen, nicht auch einmal ein Jungkoch zur Feder greifen darf, um aus dem Schatz seiner brandneuen Erfahrungen zu berichten. Der Autor dieser lukullischen Monographie wollte es wissen. Er hat fleißig Spargelrezepte gesammelt, hat probiert und degustiert, er hat gesichtet und gelichtet. Und was er nun den Feinschmeckern unserer Zeit vorlegt, darf sich sehen und natürlich auch essen lassen.

Während illustre Gourmands und Gourmets noch darüber diskutieren, ob man nun Spargel nur mit der bloßen Hand oder mit Zuhilfenahme einer Gabel oder gar – quel horreur – mit Messer und Gabel ihrer endgültigen Bestimmung zuführen muß oder darf, hat sich der junge Kochkünstler an die Koryphäen der »Art culinaire« in aller Herren Länder gewandt und sie gebeten, ihm doch ihr Lieblingsrezept zur Verfügung zu stellen. Und siehe da, sie taten es! Wer nun einmal das Rezept nachkochen möchte, das Nancy Reagan im »Weißen Haus« in Washington schätzt, oder jenes, das saudiarabische Emire mit Wonne genießen, oder gar eines, das es dem Fürsten von Liechtenstein angetan hat, der zögere nicht, dieses Buch aufzuschlagen und so zu tun, wie ihm von Peter und den großen Könnern einer großen Kunst angeraten wird.

Daß es unter den vielen verheißungsvollen Kochvorschriften auch solche gibt, die von zarter Frauenhand niedergeschrieben wurden, ist ein weiterer Grund, nicht zu zögern, sondern herzhaft zuzugreifen. Und sollten Sie, verehrte Spargelliebhaber, immer noch im Zweifel sein, ob nur mit der Hand oder doch lieber mit Messer und Gabel, so halten Sie es wie ich. Frischen Spargel, der nur mit einer Sauce gereicht wird, führe ich mit der Hand zum Mund, alle anderen Servierarten jedoch genieße ich mit Messer und Gabel. Und sie munden mir immer.

Harry Schraemli

7

Die Entdeckung eines neuen Gerichtes
bedeutet für das Glück des Menschen mehr
als die Entdeckung eines Sternes.
Jean-Anthelme Brillat-Savarin
(1755–1826)

Spargelgedicht

Der Spargel, ein Gewächs so zart,
bereitet auf so manche Art;

Ob kalt, ob warm, ganz nach unsren Launen,
erfreut der Spargel uns den Gaumen.
Und 's ganze Jahr, da träumen wir,
wär doch die Spargelzeit schon hier.

Trifft sie endlich wieder ein,
so gehen wir zu unsrem Schrein,
greifen uns dies Buch heraus
und kosten die Rezepte aus.
F. G. Hofer

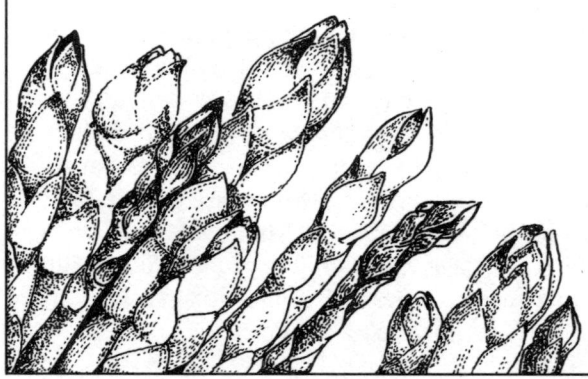

Spargel-
Leckerbissen des
Frühlings

Liebe Leserinnen! Liebe Leser!
Liebe Köche und Kochbegeisterte!

Die Gestelle der Buchhandlungen quellen über von Fachbüchern aus der Küchenwelt. Möglicherweise scheint es anmaßend, dieser langen Reihe einen neuen Band beizufügen. Wir hoffen jedoch, Ihnen mit diesem Buch dienen zu können und eine Lücke zu füllen. Es gibt viele Kochbücher, doch in keinem wurde der Spargel genauer beschrieben. Dieses Buch ist deshalb ausschließlich dem Spargel gewidmet, und wir glauben, daß dieses Gemüse es auch verdient hat. Es soll dem Leser den vielseitigen Gebrauch des Spargels aufzeigen und dessen Popularität steigern. Wir wünschen Ihnen beim Lesen und Zubereiten der Rezepte viel Vergnügen. Ich hoffe, mein Ziel erreicht zu haben und Ihnen mit diesem Buch die Möglichkeit zu geben, die köstlichen Spargelgerichte auch zu Hause zu genießen. Es soll Ihnen zeigen, wie vielseitig man den Spargel in der Küche verarbeiten kann.

Der Anbau, die Schwierigkeiten der Spargelpflanzung und die Ernte werden hier genau beschrieben. Das Gelingen der Gerichte hängt vor allem von der Qualität der Zutaten ab, die Sie verwenden. Sie werden wahrscheinlich Enttäuschungen und Rückschläge erleben, wie sie auch einem geübten Handwerker immer wieder widerfahren. In diesem Buch finden Sie vorwiegend einfache bis mittelschwere Rezepte, die ohne berufliche Ausbildung und professionelle Geräte zu realisieren sind. Die Mengenangaben der Rezepte sind für 4 Personen berechnet. Auf diese Weise sind sie auch für den normalen Haushalt brauchbar, da sie ebenfalls ohne Probleme verdoppelt oder halbiert werden können. Ein berühmter Kochkünstler hat in seinem Kochbuch keinerlei Mengen- und Gewichtsangaben gemacht, was wir nicht nachahmen wollen, da Sie ja auf Anhaltspunkte angewiesen sind. Selbstverständlich brauchen Sie nicht jedes Rezept peinlichst genau zu befolgen, geben

9

wir hier doch nur die Grundzüge eines bestimmten Gerichtes an. Lassen Sie doch Ihrer Phantasie und Ihrem Einfallsreichtum freien Lauf und geben dem Essen den letzten Schliff nach Ihrem Geschmack. Man sollte der Improvisation immer freien Spielraum lassen. Dies gilt auch für die Hausfrau, die in der Lage sein muß, in letzter Minute eine Zutat durch eine andere zu ersetzen, sei es, weil man sie nicht beschaffen konnte oder sonst etwas fehlgegangen ist.

Ich wünsche den (weiblichen und männlichen) Kochkünstlern alles Gute und hoffe, daß die hier beschriebenen Gerichte zu Hause gelingen mögen!

An dieser Stelle möchte ich mich bei allen bedanken, die es mir ermöglicht haben, dieses Buch erscheinen zu lassen.

Peter Bührer

Asparagus

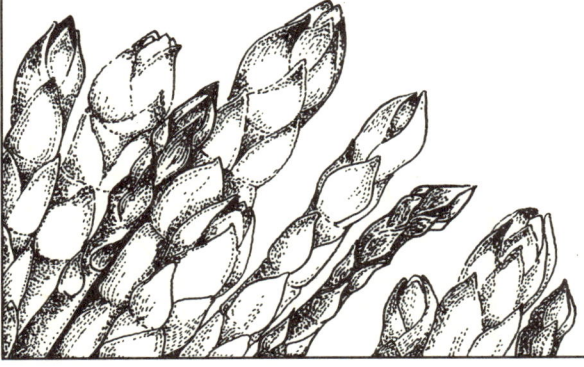

Geschichtliches über den Spargel

Der Spargel, lateinisch asparagus, wächst wild in den Farben grün und weiß, von Spanien bis zur Dschungarei, vom Mittelmeer bis Norwegen, besonders an Flußufern. In der heutigen Zeit wird er als Edelgemüse angebaut.

Die eigentliche Heimat des Spargels ist wahrscheinlich Vorderasien, wo er in sandigen Meerdünen und feuchtsandigen Flußtälern angebaut wird. Von dort aus verbreitete er sich nach West- und Mitteleuropa und nach Nordafrika. Seine Kultivierung ist unter sehr verschiedenen Klimabedingungen möglich. Man spricht deshalb von einer besonders großen Streubreite.

Die Geschichte des beliebten Edelgemüses läßt sich weit zurückverfolgen: Man kennt es seit 3000 Jahren. Die alten Ägypter wollten sich nicht einmal nach dem Tode vom Spargel trennen und ließen sich ihn gleich bündelweise mit ins Grab geben. Man fand ihn als Opfergabe im Grab der Stufenpyramide von Sakkra in der Nähe von Memphis, die für die Könige der 5. und 6. Dynastie gebaut wurde. In den Ländern der Hellenen und Römer zählte der Spargel zu den Lieblingsgerichten berühmter Männer wie Plato und Lucullus. Damals hat man den Spargel bereits angepflanzt und kultiviert, was man in den Schriften von Columella und Palladius nachlesen kann. Plinius der Ältere kannte wildwachsenden und Kulturspargel. In der römischen Kochbuchsammlung »De re coquinaria« findet sich manch raffiniertes Spargelrezept. Nach dem griechischen Volksglauben sollte Spargel, als Amulett getragen, Schwangerschaft verhindern, und die Römer verwendeten ihn als Heilmittel. Er ist schon auf den Wandgemälden von Pompeji am Fuße des Vesuvs dargestellt.

Die Römer brachten den kultivierten Spargel nach Gallien und Germanien, wo er jedoch bald in Vergessenheit geriet.

Als Luxusgemüse kam er erst im 16. Jahrhundert, »entdeckt« durch Frankreichs Sonnenkönig, wieder auf den Markt. Später dann, in der ersten Hälfte des 17. Jahrhunderts, hat man in den Gärten der Klöster und Fürstenhöfe wieder feinere Gemüse angebaut, wobei der Spargel voll zum Zuge kam. Mit seinem Wohlgeschmack und seiner guten Bekömmlichkeit wurde er immer bekannter, man hat ihn schätzen gelernt. Er galt bis ins Mittelalter als Heilmittel und wurde gegen Zahnschmerzen gelutscht. Der Absud der ausgekochten Sprosse wird bis in die heutige Zeit als harntreibendes Mittel verwendet.

Europäische Spargel-Anbaugebiete

Deutschland

Als man an den Fürstenhöfen in Frankreich den Spargel servierte, weilte ein Gelehrter aus Deutschland zu Gast. Diesem mundete der Spargel so sehr, daß er einige Setzlinge mit nach Hause nahm. 1568 wurde Spargel in Stuttgart zum ersten Mal angebaut, und zwar von Johann Casimir, dem Leibarzt des Pfalzgrafen vom Rhein. Um 1578 wird er wieder erwähnt. Bald darauf wird er zum Mittelpunkt der neuen Kultur in Ulm, die ganz Deutschland überschwemmt. Karl Ludwig von der Pfalz (1600–1688) legte den Grundstock für die berühmten Spargelkulturen in und um Schwetzingen.

Die wichtigsten Anbaugebiete Deutschlands sind in der Oberrheinischen Tiefebene um Schwetzingen, bei Braunschweig und in Franken. Die größte Anbaufläche hat Niedersachsen mit 1240 Hektar, darauf folgen Baden-Württemberg mit 650 Hektar, Hessen mit 500 Hektar, Rheinland-Pfalz und Bayern mit je 450 Hektar. Der wenigste Spargel wird in Nordrhein-Westfalen und Schleswig-Holstein kultiviert: 146 bzw. 74 Hektar. Dank eines schnellen, gut organisierten Vertriebssystems über Erzeugergroßmärkte vergeht meist nur ein Tag von der Ernte bis zum Verkauf am Gemüsestand, und das unabhängig von der Entfernung Anbaugebiet–Verbraucher. 1982 verzehrte der deutsche Bundesbürger durchschnittlich fast $1^{1}/_{2}$ kg Spargel, also weltweit am meisten. Und Spargel wird immer beliebter! – Bekannte deutsche Sorten sind z. B. »Huchels Leistungsauslese« in Norddeutschland, »Lucullus« in Süddeutschland, »Schwetzinger Meisterschuß« und »Spaganiva«. Von der Qualität der Spargelproduktion her gesehen, liegt Deutschland an der Spitze. Die Nachfrage nach Spargel ist allerdings weitaus größer als das Angebot aus dem eigenen Anbau. Es muß also importiert werden. Die wichtigsten Importländer sind Frankreich, Italien, Holland, Israel, kleinere Mengen kommen aus Spanien und Ungarn. Spargelkonserven stammen überwiegend aus Taiwan (Formosa).

Frankreich

Zwar wird in ganz Frankreich Spargel angebaut, doch ist dieser meist nicht für den Export bestimmt und wird am Anbauort selber verbraucht. Die bekanntesten Anbaugebiete sind die Camargue und Cavaillon. Diese Anbauregionen liegen im Mündungsgebiet der Rhône. In der Camargue wächst der köstliche Sandspargel. Daß er hier überhaupt gedeiht, verdankt er der Rhône, die früher ungelenkt und frei die Ebene durchlief und in manchem Jahr Überschwemmungen verursachte. Heute haben sich die Folgen dieser Überschwemmungen jedoch ins Positive gekehrt.

Der Feind jeder Vegetation – das Salz des Meeres – wurde im Laufe der Zeit aus dem Boden gewaschen. An dessen Stelle kamen mancherlei nährende Sinkstoffe, und es entstand eine neue Grundlage, zuerst für Weiden und Wälder, später für Kulturen, die von Menschenhand angelegt wurden. Einer der Versuche, welche die Bauern auf dem biologisch angereicherten Boden wagten, waren Reisplantagen. Der Reis hielt sich so gut, daß bald nach neuen Ideen gesucht wurde. Der erste Spargel wurde gesetzt, und siehe da, auch dieser gedieh hier gut! Diese Eigenschaften des Bodens erwiesen sich als so vorteilhaft, daß die neue Heimat des Spargels bald feststand: es waren die Gegenden in der Camargue wie auch in Cavaillon. Neben den südfranzösischen Regionen wird Spargel auch im Elsaß und in Argenteuil bei Paris in größeren Mengen kultiviert.

Im nahem Elsaß wurde der erste Spargel 1873 in Hoerdt im Unterelsaß gepflanzt. Dank Pastor Heyler, welcher von Phillippeville in Algerien zurückkehrte, baute man schon damals dort Spargel an. Auf heimischem Boden probierte Pastor Heyler selbst seine ersten Pflanzungen aus und hatte damit Erfolg. Viele ahmten ihn später nach. Heute ist die kleine Stadt Hoerdt als »Hauptstadt des Spargels« im Elsaß bekannt.

Italien

In diesem Land, in dem schon vor 1500 Jahren Spargel gegessen wurde, wird heute fast ausschließlich grüner Spargel angebaut, vor allen an den Ufern des Po und des Arno. Aber auch in der Gegend von Bassano del Grappa, Verona und Bologna wird Spargel kultiviert. In Ligurien wird grüner Spargel unter Glas angebaut.

Schweiz

Über die Anfänge des Spargelanbaus in der Schweiz gibt es leider keine Werke, worin sich nachschlagen ließe, wann man den Spargel hier zum ersten Mal angepflanzt hat. Eine Überlieferung erzählt jedoch folgendes zur Geschichte des Flaacher-Spargels. Man vermutet, daß die Pflanze einst im Kloster Rheinau eingeführt wurde und daß die Samen später vom Rhein angeschwemmt wurden. Schon früh um 1900 wurden diese Pflanzen entlang des Flusses als grüne Spargel gefunden, gesammelt und verkauft. Heute werden 10% des Schweizer Bleichspargels in Flaach angebaut. Sein Gedeihen verdankt der Spargel von Flaach indirekt der Thur, die einst unkorrigiert dem Rhein zuströmte und dabei sandiges Schwemmland hinterließ, Land, in dem der Spargel sprießt. Auch im Wallis, wo die Rhône durch das ganze Tal ihre Schleifen zog, blieb der Fortschritt nicht aus. Das Flußbett wurde korrigiert und es entstanden über 8000 Hektar Schwemmland, Land, das für den Obst- und Gemüseanbau bestens geeignet ist. So wurde auch im Wallis, besonders in der Gegend zwischen Sitten und Martinach, Spargel angebaut. Das andere große Anbaugebiet ist das Berner Seeland. Dort, wo noch vor Jahrtausenden ein einziges »Meer« war, finden wir heute den Neuenburger-, Murten- und Bieler See. Auch die Zuflüsse dieser Seen, insbesondere die Aare, traten immer wieder über die Ufer. Anfang dieses Jahrhunderts wurden sie durch Bauten und Kanäle korrigiert. Im Berner Seeland sticht das »Moos«, die Gegend zwischen den drei Seen, durch außerordentliche Qualität der Gemüse hervor.

Von der Pflanzung bis zur Ernte

Spargel gehört zur Gattung der Liliengewächse. In Nachschlagewerken wird er als Kräuter- oder Halbstrauch mit fleischigem Wurzelstock und fleischigen Schößlingen bezeichnet. Die Blüten sind grünlich, eingeschlechtlich-zweihäusig, die weiblichen entwickeln rote Beeren. Es gibt rund 100 verschiedene Spargelsorten. Hier beschreiben wir den Anbau von Bleichspargel, der bekanntesten Spargelsorte. Bleichspargel wird durch Aussaat herangezogen und verlangt einen gut durchlüfteten Humusboden.

Zum Anbau werden Dämme und Erdhügel aufgeschüttet, damit die Spargelsprossen einen möglichst langen Weg zurücklegen müssen. Die zuerst kleinen Dämme werden jedes Jahr zusätzlich mit Erde aufgeschüttet. Man setzt die einjährigen Wurzelstöcke im März von Hand in den Boden, ca. 30 cm tief und in einem Abstand von 20–25 cm. Daraus wird eine 1–1,50 m hohe Staude mit einem ausdauernden Wurzelstock. Die oberirdischen Teile sterben im Herbst ab und treiben im Frühjahr wieder aus. Nach dem Einsetzen der einjährigen Pflanzen läßt man die Kultur zwei Jahre ruhen, Nährstoffe und Kräfte sammeln. Im dritten Jahr kann man dann zum ersten Mal ernten und beendet die Ernte bereits nach vier Wochen, damit der Stock noch kräftiger werden kann. Im vierten Jahr erntet man zum ersten Mal die ganze Saison durchgehend. Während der Erntezeit werden die Erdhügel auf Risse abgesucht, die anzeigen, wo der Spargel sprießt und wo man ihn schön weiß stechen kann. Nach einer neuen Anbaumethode werden keine Wälle mehr aufgeschüttet, sondern die Reihen mit Kunststofffolie auf Drahtbügeln überbaut. Die Saison ausländischen Spargels beginnt schon im Oktober mit den Sorten aus Südafrika. Gefolgt werden diese von grünem Spargel aus Mexiko und Kalifornien im Februar/März. Vor dem einheimischen Spargel wird noch solcher aus Marokko und Tunesien angeboten.

Seit einiger Zeit wird Spargel in großen Mengen auch in Australien und Neuseeland angepflanzt. Der heimische Spargel wird Mitte April gestochen und gelangt dann am Monatsende auf den Markt. Jedoch wird Spargel nur bis zum 21. Juni gestochen, dem Sommeranfang, um anschließend die Kulturen zu schonen, damit sie neue Kraft für die nächste Saison sammeln können. Meistens wird der Spargelstock zweimal geerntet. Damit aber ein Nachwachsen möglich ist, muß die Erntestelle nach dem Stechen sofort geglättet werden.

Die verschiedenen Spargelsorten

Grüner und weißer Spargel

Grüner Spargel wächst oberirdisch und wird infolge des Sonnenlichts und seines damit verbundenen hohen Gehalts an Chlorophyll grün. Er wird vor allem in Italien und in Kalifornien angebaut und ist weniger anspruchsvoll als der Bleichspargel.

Der Anbau der beiden Arten ist sehr verschieden. Während der grüne Spargel auf allen leicht- bis mittelschweren Böden wächst, gedeiht der weiße nur auf sehr leichtem, möglichst sandigem Boden. Bei der Ernte wird der grüne Spargel kurz über dem Boden abgeschnitten, während der Bleichspargel gestochen werden muß.

Für die Zubereitung hat man bei grünem Spargel – er muß nicht geschält werden – nur bis zu 10% Verlust. Im Gegensatz dazu verliert man beim weißen Spargel ca. 30%. Infolge der kürzeren Garzeit des grünen Spargels gehen auch weniger Vitamine verloren. Nach Aussage von Liebhabern schmeckt er auch herzhafter als der Bleichspargel.

Um Spargelgerichte aufzutischen, braucht man heute nicht mehr die Saison abzuwarten. Man kann in allen Qualitäten Spargel auch als Konserven kaufen. Oder man friert während der Saison selbst frischen Spargel ein.

Sandspargel

Der Sandspargel ist eigentlich keine selbständige Sorte. Der Unterschied ist, daß er im nährstoffreichen Meersand wächst, wo natürlicher, geringer Salzgehalt vorherrscht. Der Boden ist so leicht, daß der Spargel hier eine wohl nahezu ideale Voraussetzung für sein Wachstum findet. Da er sich nicht durch feste Erde arbeiten muß, ist der Sandspargel leicht an seinem geraden Wuchs zu erkennen.

Dies sind die bekanntesten Spargelsorten. Doch in jedem Land hat der Spargelbauer einen besonderen Vorteil, den er ausnützen kann. So erhalten Spargel mit besonders ausgeprägtem Geschmack, mit geradem Wuchs und vielleicht einer speziellen Farbtönung den Namen des Landes, der Gegend oder Provinz.

Qualitätsmerkmale und Handelsklassen

Qualitätsmerkmale für frischen Spargel

Frischen Spargel findet man auf dem Markt in verschiedenen Qualitäten. Preisbestimmend sind Durchmesser (Kalibergröße), Länge, Herkunftsland oder Region sowie die Farbe und Verfärbungen. Die Stangen müssen frisch und unverletzt sein.

Grünspargel wird bei ca. 16 cm Länge geschnitten und kommt gebündelt oder in Kartons auf den Markt. Für Grünspargel gibt es derzeit in Europa keine bindenden Qualitätsvorschriften.

Bleichspargel kann bei warmem Wetter schneller sprießen und unbemerkt ans Tageslicht kommen, wobei er an der Spitze eine dunkle Färbung annimmt. Diese »Köpfchen« wirken auf dem Teller des Genießers sehr dekorativ und verleihen dem Spargel eine gewisse zusätzliche Würze.

Werden die Spitzen, die aus der Erde ragen, jedoch zu lang und verfärben sie sich stark, vermindert sich die Qualität, aber nicht der Geschmack. Die Franzosen und die Schweizer ziehen Spargel mit grünen oder violetten Köpfen vor. Hingegen stechen die elsässischen Gourmets den Spargel, wenn er noch ganz weiß ist.

Handelsklassen für Bleichspargel

Handelsklasse Extra
Eigenschaften Gerade gewachsene Stangen; weißer, fester, geschlossener Kopf; nicht hohl und gespalten; darf gewaschen sein, aber nicht gewässert.
Größe 17–22 cm.
Mindestgewicht bei einer Stangenlänge von 22 cm: ab 40 Gramm.

Handelsklasse I
Eigenschaften Wie Handelsklasse Extra.

Größe 17–22 cm.
Mindestgewicht bei einer Stangenlänge von 22 cm: ab 30 Gramm.

Handelsklasse II
Eigenschaften Der Kopf kann blau sein (jedoch nicht grün); leicht gekrümmte Stangen zulässig; leichte Verholzung (bis 10%) wird vom Markt angenommen; Kopf darf leicht geöffnet sein.
Größe 12–22 cm.
Mindestgewicht bei einer Stangenlänge von 22 cm: ab 30 Gramm.

Handelsklasse III
Wie Handelsklasse II sowie alle hohlen Stangen, unabhängig von Gewicht und Länge. Normalgewicht 15–25 Gramm (hohle Stangen bis 100 g). Der Anteil der hohlen Stangen sollte 20% nicht übersteigen.

Außerdem gibt es noch Spargelköpfe, Bruchspargel und sehr dünne Spargelstangen, die jedoch nur beschränkt marktfähig sind.

Spargelkonserven

Für Spargelkonserven gibt es Qualitätsnormen und Deklarationsvorschriften.

Stangenspargel
Qualitätsnormen
Einwandfrei geschält, nicht holzig, nicht hohl, frei von äußerlich erkennbaren Mängeln; Köpfe weiß und geschlossen, Stangen von 17 cm Länge etwa gleicher Stärke.

Deklarationsvorschriften
1. Riesenspargel
   (bis 18 Stangen je 1/1 Dose)
2. Stangenspargel sehr stark
   (28 Stangen je 1/1 Dose)
3. Stangenspargel stark
   (38 Stangen je 1/1 Dose)
4. Stangenspargel mittelstark
   (52 Stangen je 1/1 Dose)

Brechspargel mit Köpfen
Qualitätsnormen
Einwandfrei geschält, nicht hohl,
frei von äußerlich erkennbaren
Mängeln; Stücklänge 5 cm, Stücke
mit Köpfen 6 cm, Kopfanteil 15%.
Deklarationsvorschriften
1. Brechspargel extra stark
2. Brechspargel stark
3. Brechspargel mittelstark
4. Brechspargel dünn

Brechspargel ohne Köpfe
Qualitätsnormen
Einwandfrei geschält, frei von
äußerlich erkennbaren Mängeln,
zulässig: auch hohl.
Deklarationsvorschriften
1. Brechspargel, starke Abschnitte
   (über 3 cm lange Stücke)
2. Brechspargel, mittelstarke
   Abschnitte
   (über 3 cm lange Stücke)
3. Spargelabschnitte
   (kurze Enden unter 3 cm
   Länge)

Spargelköpfe
Qualitätsnormen
Kopfenden, einwandfrei geschält,
nicht hohl, frei von äußerlich er-
kennbaren Mängeln, stehend;
Köpfe: weiß geschlossen.

Deklarationsvorschriften
1. Spargelköpfe, stark, stehend
   (Höchstlänge 11 cm)
2. Spargelköpfe, stark, liegend
   (Höchstlänge 11 cm)
3. Spargelköpfe, mittel, stehend
   (Höchstlänge 11 cm)
4. Spargelköpfe, mittel, liegend
   (Höchstlänge 6 cm)

Spargelkonserven können auch aus
Spargel mit weniger geschlossenen,
ausschließlich aus blauen oder grünen Köpfen bestehen. Dies muß jedoch auf der Konserve bezeichnet
sein ».. . mit blauen Köpfen«,
».. . mit grünen Köpfen«.

Hinweise für den Einkauf

▷ Nur frischen Spargel kaufen.
Nach der Ernte sollte der Spargel so rasch wie möglich zum
Konsumenten kommen. Dies ist
leider nicht immer möglich, da
der Transport vom Herkunftsland zum Verbraucher oft länge-
re Zeit dauert.
Frischeprobe
Spargel am Schnittende zusam-
mendrücken. Läßt der Spargel
Saft, so ist das ein Zeichen der
Frische. Der Saft soll angenehm
duften, frisch und nicht sauer
schmecken.
▷ Der Durchmesser des Spargels
spielt eine wichtige Rolle. Allzu
dicker Spargel kann hölzern sein
und somit auch größeren Abfall
haben.

▷ Die Köpfe sollen beim Bleichspargel fest, geschlossen, auf gar keinen Fall aufgeblüht sein. Verfärbungen sind nicht artabhängig, sondern werden – wie schon beschrieben – vom Zeitpunkt der Ernte bestimmt. Qualitativ kein Unterschied, aber nach Handelsklassenverordnung wertvermindernd.

▷ Die Stangen sollen gleichmäßig dick und gerade gewachsen sein. Nur für Suppen werden starke Stangen bevorzugt.

▷ Das Schnittende soll frisch und feucht, weder verfärbt noch geschrumpft sein. Letzteres weist auf Überlagerung hin und bedingt neben Qualitätsverminderung auch vermehrten Abfall beim Vorbereiten.

▷ Guter Spargel muß angenehm frisch riechen.

▷ **Schlechter Spargel**
Gekrümmte Stangen
Der Spargel wuchs in schwerem, lehmigem Boden mit Steinen und vor allem zu feucht.
Hohle Stangen
Sind auf zu strenge Kälte oder auch falsche Stickstoffdüngung zurückzuführen.
Blauer Kopf und bläuliches Anlaufen der Spargelstangen
Durch zu große Kälte bildet sich blauer Farbstoff, auch Anthozyan genannt, der den Spargel bitter werden läßt.
Aufgeblühter Kopf
Spargel verfault schnell und verbreitet dann einen unangenehmen Geruch.

Holzige Stangen
Die Ursachen können sein zu langer Transport, zu langes Liegen/Aufbewahren bis zum Verkauf oder zu langsames Wachsen bei einer ungünstigen Temperatur im Frühling.
Saurer Spargel
Der Spargel wurde wahrscheinlich gewaschen und dann 1–2 Tage aufbewahrt.

Pro Person rechnet man 400–600 Gramm rohen Spargel, je nachdem, ob als Beilage, Garnitur oder Hauptgericht.

Spargel in der Ernährung

Mit 250 g Spargel kann man etwa die Hälfte unseres Tagesbedarfes an Vitamin C decken. Außerdem hilft Spargel entscheidend bei der schwierigen Bedarfsdeckung mit den B-Vitaminen. Die weißen Stangen sind reich an Kalium, Asparaginsäure und Saponin (pflanzlicher Wirkstoff), welche die Nierentätigkeit anregen und entschlacken. Durch die kürzere Kochzeit und dank dem hohen Gehalt an Vitaminen weist der grüne Spargel den höheren Nährwert als der Bleichspargel auf. Er enthält reichlich Karotin (Provitamin A), Vitamin B_1 und B_2, Niacin, Vitamin C, Kalium, Phosphor und Calcium und ist deshalb besonders gut für zuckerkranke Genießer.

**Die Zusammensetzung
des weißen Spargels**

93,6% Wasser
1,9% Protein
0,1% Fett
2,9% Kohlenhydrate
0,8% Rohfaser
0,6% Mineralstoffe

100 g Spargel (eßbarer Anteil)
= 18 kcal = 74 kJ

Bereits 1768 wurde in einer alten Enzyklopädie geschrieben: »Der Spargel gehört zu den angenehmsten Frühlingsfrüchten, die unsere Küchengärten liefern. Der Genuß desselben ist nicht nur angenehm, sondern auch gesund, und er wird, leicht und gut zubereitet, von manchen Ärzten als eine vorteilhafte Speise, wenn man von fieberhaften Anfällen geplagt ist, angepriesen.«

Küchenpraxis

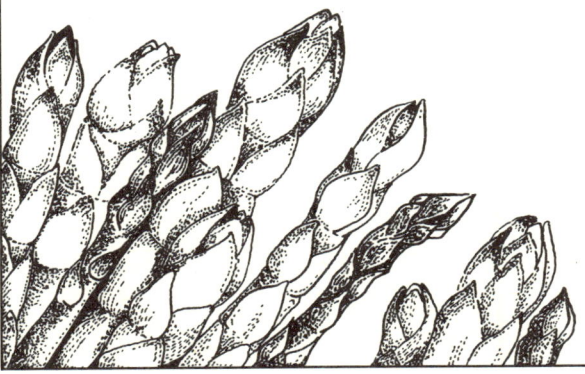

Der Umgang mit Spargel

Spargel schmeckt am besten frisch und sollte daher nach dem Einkauf sofort verwendet werden. Wird er aber nicht sofort verarbeitet, muß man ihn in ein feuchtes Tuch einwickeln und in den Kühlschrank stellen. Ungeschält ist er auf diese Weise etwa 2–3 Tage haltbar ohne Aromaverluste. Vorsichtig mit dem Spargel umgehen, er bricht sehr leicht.

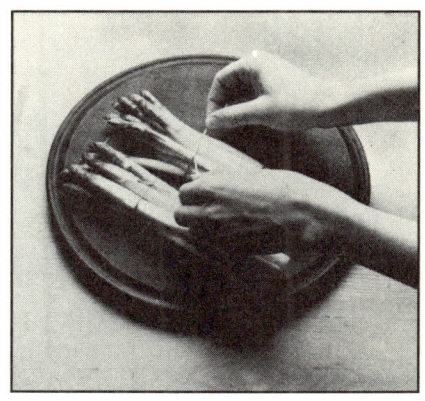

Vorbereiten von Spargel

Der Spargel wird vom Kopf zum Schnittende, und zwar in Kopfnähe dünn, in der Nähe des Endes dikker, mit einem Spargelschäler oder einem scharfen, kleinen Küchenmesser geschält. Die Spargelstange ist beim Schälen mit den Fingerspitzen am Kopf zu halten und soll auf dem Handgelenk aufliegen, damit sie nicht bricht. Der holzige untere Teil des Spargels wird abgeschnitten. Schalen und Abschnitte können für den Sud, in dem der Spargel gegart wird, verwendet werden. Die geschälten Spargelstangen werden gewaschen und vorsichtig mit einer Schnur zu Portionen von 6–12 Stück gebündelt. Grüner Spargel wird nicht geschält, höchstens ein wenig an den Stangenenden.

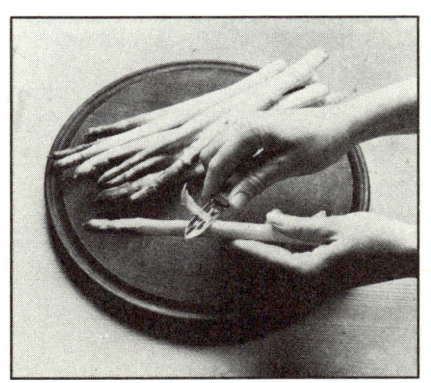

Grundzubereitungen

Kochen

2 l Wasser
15 g Salz
5 g Zucker
15 g Butter

Alle Zutaten miteinander aufkochen. Die Spargelbündel vorsichtig in den Sud legen und je nach Dicke 15 bis 20 Minuten kochen, aber nicht sprudelnd kochen lassen. Der Spargel soll noch knackig sein.

▷ *Grünspargel* Die Kochzeit beträgt ca. 10 Minuten, auch wieder je nach Dicke.

▷ *Faustregel* Je frischer der Spargel, desto kürzer die Kochzeit.

▷ Die Spargelstangen sollen während der ganzen Garzeit mit Sud bedeckt sein.

▷ *Garprobe* Einstechen mit einem Messer in die Mitte der Spargelstange. Bei nur noch geringem Widerstand ist er gar, denn Spargel darf nie ganz weich gekocht werden.

▷ Wird der Spargel nach dem Garen nicht gleich gebraucht, läßt man ihn im Fond erkalten und bedeckt ihn mit einem feuchten Tuch.

▷ *Nach russischer Art* Dem Sud mit Zitronenzeste (Seite 116) gehackten Kümmel beigeben.

Kochen über Wasserdampf
Man legt den Spargel auf einen Gittersatz und setzt diesen in einen Topf über kochenden Sud.
Die Vorteile dieser Kochmethode sind geringerer Vitaminverlust und zugleich ein Spargelfond, der nach Belieben für eine Suppe oder auch für ein Getränk verwendet werden kann.

▷ Rationeller und für diejenigen, die keinen Loch- oder Gittereinsatz haben: Spargelschalen und abgeschnittene Enden auf dem Topfboden anhäufeln und die Spargelstangen darauflegen. Wasser aufgießen, aber nur so viel, daß die Spargelstangen nicht im Wasser liegen, sondern darüber im Dampf garen. Auf diese Weise werden in einem Arbeitsgang die Spargelschalen ausgekocht und die Stangen gegart.

Stehend kochen
Man kann auch einen hohen Kochtopf verwenden, in dem die Spargelbündel stehen können. Den Sud aber nur bis zu den Spitzen auffüllen, damit sie im Dampf knackig weich werden können.

Braisieren – Schmoren

Mit Deckel im Ofen bei ca. 160 °C, ohne Farbe annehmen zu lassen, in Butter andünsten, mit wenig Spargelfond auffüllen und zugedeckt unter zeitweisem Begießen garen. In der Gegend von Mailand wird Spargel in den Bräter gelegt, mit Hühnerbouillon bedeckt und im 180 °C heißen Ofen langsam gegart.

Blanchieren

Den Spargel in heißem Wasser oder bereits bestehendem heißen Fond aufsetzen, auf den Siedepunkt bringen und abkühlen.

Hinweis
Beim Kaltansetzen öffnen sich die Poren des Gemüses und so entsteht ein Geschmacksverlust. Beim Heißansetzen dagegen schließen sich die Poren und so bleibt der Geschmack erhalten.

Dämpfen

Die kürzeste Kochzeit erhält man in einem Dampfdrucktopf oder einem Hochleistungsdämpfer (= Steamer). Den Spargel auf den Einsatz legen, mit wenig Wasser bis zum Rand des Einsatzes auffüllen. Mit dem Deckel schließen und, je nachdem, ob grüner oder weißer, dicker oder dünner Spargel, $1^{1}/_{2}$–3 Minuten dämpfen.

Glacieren

Den Spargel in einem flachen Geschirr unter Zugabe von etwas Zucker, Butter, Wasser oder Fond bei schwacher Hitze zugedeckt garen. Mit eingekochtem Fond (Glace) den angerichteten Spargel überglänzen.

Fritieren

Den Spargel durch Tauchen in Öl oder Fett garen. Hierbei soll der Spargel vorher blanchiert worden sein, dann durch Mehl oder Backteig ziehen und bei 170–180 °C ausbacken.

Überbacken

Den Spargel, bereits vorgegart, im Backofen oder unter dem Salamander bei sehr starker Oberhitze (ca. 240–270 °C) überbacken bzw. überkrusten.

Spargel anrichten, servieren und essen

Wird zum Spargel – sei er kalt oder warm – separat eine Sauce serviert, muß er gut abgetropft und abgetrocknet auf einer Stoffserviette

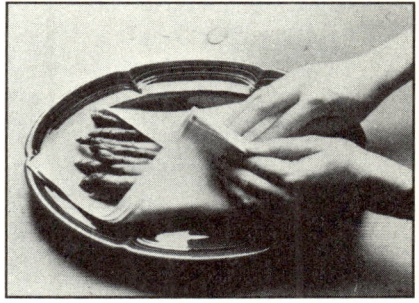

angerichtet werden. Die Schnüre vom Kochen werden entfernt. Damit alle Spargelköpfe zur Geltung kommen, wird der Spargel versetzt angerichtet. Dazu tischt man eine Fingerbowle auf.
Als Getränk ist ein spritziger Weißwein zu empfehlen, der, wenn möglich, in der Nähe des Anbaugebietes gewachsen ist. So zum Beispiel in der Pfalz ein Deidesheimer, in Baden ein Ruländer. Aus der Moselgegend empfehle ich Ihnen einen Bernkastel, aber auch ein Piesporter paßt zu Spargel.

In Österreich trinkt man einen Gumpoldskirchner oder einen Kremser. Im Elsaß einen Riesling oder einen Gewürztraminer, allgemein aber kann man einen Chablis trinken. Im Schweizer Seeland ist ein Twanner zu empfehlen. Im Wallis wählt man einen Johannisberg oder Fendant, im Waadtland einen Féchy. In der Ostschweiz, wo der Spargel auch angebaut wird, wird man einen Riesling Silvaner öffnen.

Bei kaltem und bei warmen Stangenspargel, zu dem die Sauce separat serviert wird, »darf« man die Stange mit Daumen und Zeigefinger der rechten Hand am hintersten Ende anfassen, das Köpfchen in die Sauce tauchen und so zum Munde führen.
Eine andere Art ist jene, den Spargel am Ende mit der rechten Hand zu fassen, das Köpfchen auf die Gabel in der linken Hand zu legen und so zu essen. Man sollte der Tradition treu bleiben und den Spargel von Hand essen, sofern er nicht mit einer Sauce überzogen und garniert ist.
Alle anderen Zubereitungen werden mit der Gabel bzw. mit Messer und Gabel gegessen.
Der damalige Schah von Persien bevorzugte folgende Eßmethode, als er König Edward VII. von England besuchte: Er nahm die Spargelstangen in die Hand, biß die Köpfe ab und warf den Rest hinter sich. Edward VII. tat es ihm als höflicher Gastgeber nach, ohne mit der Wimper zu zucken.

Wer Freunde empfängt, ohne sich selbst um die Zubereitung des Mahles zu kümmern, verdient nicht, Freunde zu besitzen.
Jean-Anthelme Brillat-Savarin
(1755–1826)

Einfrieren von Spargel

Wie schon verschiedene Male gesagt wurde, kann man Spargel nach dem Einkauf nur zwei bis höchstens drei Tage aufbewahren. Dies aber auch nur ungewaschen, ungeschält und mit einem feuchten Tuch umwickelt. Eine bessere Möglichkeit ist es, Spargel einzufrieren. So können Spargelliebhaber ihr Lieblingsgericht auch außerhalb der Saison genießen.
Den Spargel wie üblich von oben nach unten schälen, waschen und sorgfältig abtropfen lassen. Salzwasser aufkochen und den Spargel ca 5–8 Minuten darin ziehen lassen. Sofort unter kaltem Wasser abschrecken, evtl. sogar in Eiswasser tauchen. Die Spargelstangen sorgfältig abtrocknen. In Plastikbeuteln verpacken und einfrieren.
Lagerzeit: nicht länger als 6 Monate. Bei längerer Zeit ist mit Aromaverlust zu rechnen.
▷ Spargel im gefrorenen Zustand ohne Auftauen in das kochende Salzwasser legen und fertiggaren. Wurde der Spargel roh eingefroren, so ist die Kochzeit ein Drittel länger.

Standardrezepte

Backteig/Bierteig

1,5 dl Bier
1 dl Wasser
½ dl Öl
Salz
Pfeffer
200 g Mehl
2 Eiweiß

Bier, Wasser, Öl und Gewürze zusammen mit dem gesiebten Mehl zu einem flüssigen Teig verarbeiten. Das Eiweiß zu Schnee schlagen und sorgfältig darunterziehen.
Weinteig: Anstelle des Bieres Wein verwenden.

Geriebener Teig

Für eine Form von 27 cm Durchmesser
70 g Butter
170 g Weißmehl
6 dl Wasser
3 g Salz

Die Butter in Flocken zu dem gesiebten Mehl geben und zwischen den Händen zerreiben. Einen Kranz formen, Wasser und Salz in die Mitte geben und rasch zu einem festen Teig verarbeiten.

Bouillon – Fleischbrühe

2–3 Kalbsknochen
50 g Lauch
50 g Sellerie
1 Zwiebel
Nelke, Lorbeer
Pfefferkörner, zerdrückt
Salz

Die Kalbsknochen blanchieren, im kalten Wasser mit den Gemüsen, Nelke, Lorbeer und Pfefferkörnern neu ansetzen. Langsam auf den Siedepunkt bringen, ca. 3 Stunden ziehen lassen. Abpassieren und würzen.

Court-Bouillon

1 Karotte
1 Zwiebel
50 g Lauch
6 dl Wasser
2 dl Weißwein
2 dl Essig
6 Pfefferkörner, zerdrückt
Nelke, Lorbeer
Salz
1 Petersilienbouquet

Die Gemüse putzen und in kleine Würfel schneiden. Zusammen mit Wasser, Wein und Essig aufkochen lassen, dann die Gewürze beigeben und ca. 8 Minuten sieden lassen.

Der Spargel

Eines Tages teilte man dem Bischof von Belley, dem hochwürdigen Courtois de Quincey, mit, daß Spargel von außergewöhnlicher Größe einem Beete in seinem Garten entsprosse. Augenblicklich begab sich die ganze Gesellschaft dorthin, um das Ereignis in Augenschein zu nehmen, denn auch in bischöflichen Palästen macht man sich zuweilen gern etwas Arbeit und Bewegung.

Die Neuigkeit war weder falsch noch übertrieben: Der Spargel hatte schon den Boden durchbrochen, sein Kopf war rund, glänzend und hellrot und versprach einen Stengel, der die ganze Hand füllte. Nachdem man dieses Wunder der Gartenbaukunst hinlänglich bestaunt hatte, kam man überein, daß der Bischof allein das Recht habe, es von seiner Wurzel zu trennen. Und sofort wurde beim nächsten Messerschmied ein zu diesem Zweck geeignetes Messer bestellt. Während der folgenden Tage wuchs der Spargel ständig, sein Wachstum war langsam, aber beständig, und bald konnte man den weißen Teil erkennen, wo der Spargel ungenießbar zu werden beginnt.

Die Zeit der Ernte war gekommen. Man bereitete sich durch ein gutes Essen darauf vor und verschob die Operation auf die Rückkehr vom Spaziergang. Der hochwürdige Bischof bewaffnete sich mit dem offiziellen Messer, bückte sich mit ernster Miene und schickte sich an, die stolze Pflanze von ihrer Wurzel zu trennen, während das ganze bischöfliche Gefolge mit Ungeduld den Augenblick erwartete, da es die Fasern und die innere Struktur des Spargels untersuchen könnte. Aber welche Überraschung, welche Täuschung, welcher Schmerz! Hochwürden erhoben sich mit leeren Händen – der Spargel war aus Holz!

Dieser Scherz war das Werk des Domherrn Rosset, der, in St. Claude geboren, vortrefflich zu drechseln und zu malen verstand. Er hatte sein Kunstwerk heimlich eingegraben und täglich ein wenig in die Höhe gezogen, um das natürliche Wachstum darzustellen.

Der Bischof wußte anfangs nicht recht, wie er sich verhalten sollte; da sich aber auf den Gesichtern seiner Umgebung einige Heiterkeit spiegelte, lächelte er schließlich, und diesem Lächeln folgte ein allgemeines, homerisch zu nennendes Gelächter. Man trug das Beweisstück fort, ohne sich weiter mit dem Übeltäter zu beschäftigen, und die Spargelstatue erhielt, wenigstens für diesen Abend, einen Ehrenplatz im Salon.

(Entnommen dem Heyne-Buch *Physiologie des Geschmacks* von *Brillat-Savarin*, Wilhelm Heyne Verlag München, 1962)

31

Zu den Rezepten

▷ Alle Rezepte sind für 4 Personen berechnet.

▷ Je nach Appetit kann man die Spargelmenge geringer oder höher berechnen.

▷ Nach Geschmack kann bei den Rezepten statt weißem bzw. Bleichspargel auch grüner Spargel verwendet werden und umgekehrt.

▷ *Mise en place* Das Bereitstellen der Zutaten garantiert, daß alle weiteren Arbeiten einwandfrei erledigt werden können.

1 cl			=		10 g
1 dl		=	10 cl =		100 g
1 l	= 10 dl	=	100 cl =		1000 g

Crème double ist eine besonders fetthaltige Sahne (45%), die im Handel noch schwer zu bekommen ist. Verwenden Sie in den Rezepten deshalb die gewöhnliche flüssige Sahne (30%). Oder lassen Sie die Sahne um ein Drittel einkochen; durch das Verdampfen der Flüssigkeit erhöht sich der Fettgehalt.

Verwendete Abkürzungen

TL	Teelöffel
EL	Eßlöffel
g	Gramm
kg	Kilogramm
l	Liter
cl	Zentiliter
dl	Deziliter
Msp.	Messerspitze

Grüner Spargel, überbacken,
Rezept Seite 90

Spitzenköche aus der ganzen Welt stellen ihr liebstes Spargelgericht vor

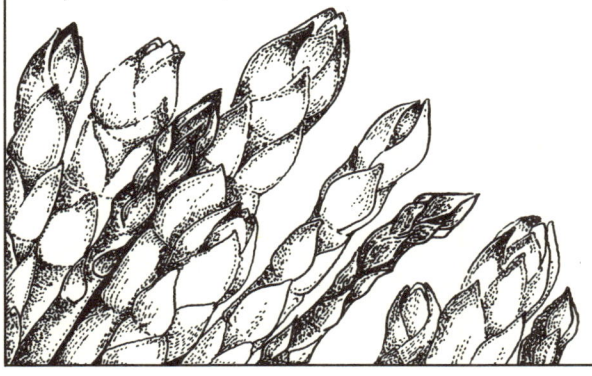

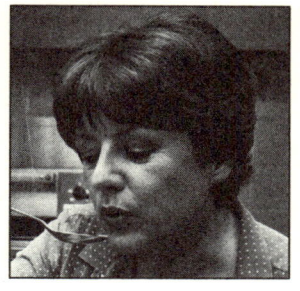

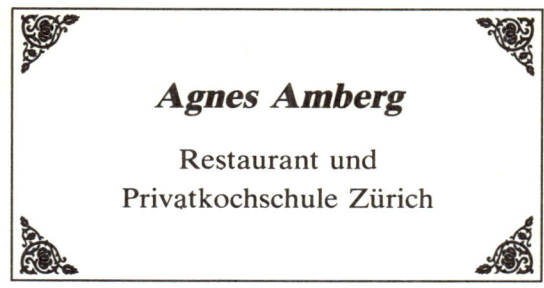

Agnes Amberg

Restaurant und
Privatkochschule Zürich

Für 4 Personen
500 g grüner Spargel
(16–20 Stangen)
10 g Butter
3–4 EL Sahne
Salz, Pfeffer
1 EL Walnußöl
etwas Zitronensaft
1 EL Spargelwasser
Julienne von Kohlrabi
und Bleichsellerie
ca. 160 g rohe
Gänseleber, in Würfel
geschnitten

Salat aus grünen Spargelspitzen mit Gänseleber

Die Spargelspitzen wegschneiden. $^2/_3$ vom Spargelfleisch in kleine Stücke schneiden. Die Butter erhitzen, die Spargelstücke darin anziehen lassen und die Sahne dazugießen. Bei schwacher Hitze langsam knapp garen. Würzen. Das restliche Spargelfleisch mit den Spitzen über Dampf garen. Das Spargelfleisch pürieren und durch ein Sieb streichen, die Spitzen warm halten. Das Püree mit Öl, Zitronensaft, Spargelwasser und Gewürzen zur Sauce mischen. Die Spargelstücke auf Teller anrichten, die Gemüsejulienne mit Spargelsauce mischen und rundum anrichten. Die Gänseleberwürfel im letzten Moment ganz heiß und kurz braten. Auf den Spargelstücken anrichten und mit den Spargelspitzen garnieren.

Für 4 Personen
16 Stangen grüner
Spargel
5 dl Salzwasser
1 dl Sahne oder
Crème double
Saft von $^1/_2$ Zitrone
Salz und Pfeffer
evtl. 2 EL Trüffelwasser
20 g Périgord-Trüffel
1 Kopfsalat (Herz)

Spargelsalat mit Trüffeln

Den Spargel putzen (nicht schälen). Das Salzwasser aufkochen und den Spargel im Sieb aufsetzen, in 5–9 Minuten (je nach Dicke) knapp garen. Noch warm mit der Sauce marinieren. Für die Sauce die Sahne mit Zitronensaft, Salz, Pfeffer, Trüffelwasser und zerdrückten Trüffeln (mit der Gabel) mischen. Den Spargel auf Salatblätter anrichten, ganz leicht mit Sauce überziehen.

37

Feine Spargelschaumsauce

Für 4–8 Personen
1 Schalotte
1 Bund Petersilie
5 Pfefferkörner
5 EL weißer Essig
3 EL Wasser
1 dl Spargelwasser
4 Eigelb, 80 g Butter
Zitronensaft
Salz, weißer Pfeffer
etwas Fleischextrakt
2 steifgeschlagene Eiweiß
1 dl geschlagene Sahne

Die grobgehackte Schalotte mit geschnittener Petersilie, zerdrückten Pfefferkörnern, Essig und Wasser aufkochen. Auf 2 Eßlöffel reduzieren. Absieben, die Flüssigkeit mit Spargelwasser strecken und die Eigelb dazurühren. Ins heiße Wasserbad stellen und mit Butter, die flockenweise beigegeben wird, aufschwingen, bis die Sauce bindet. Würzen. Vor dem Servieren den Eischnee und die Sahne darunterziehen.

Warmer Spargelsalat mit gebratenem Fleisch

Für 4 Personen
1 Bund grüner oder
weißer Spargel
3 dl Wasser
10 g Butter
¹/₂ TL Salz
1 Prise Zucker
500 g Kresse
100 g frische
Champignons

Sauce
2 EL Walnußöl
1 dl Spargelwasser
2 EL Weinessig oder
Sherryessig
1 TL Senf

20 g geklärte Butter
250 g Rindsfilet am Stück
Salz und Pfeffer
Walnußkerne

Den Spargel so zuschneiden, daß die harten Teile wegfallen. Weißen Spargel schälen. Waschen. Das Spargelwasser mit Butter, Salz und Zucker aufkochen. Die Spargelspitzen hineinlegen und zugedeckt in 5–10 Minuten (je nach Sorte und Dicke der Spargel) knapp weich kochen. Warm halten. Die Kresse verlesen und häufchenweise auf die Teller verteilen. Die Champignons mit Schale in Scheiben schneiden. Das Spargelwasser abschütten, 1 dl davon mit den anderen Saucenzutaten verrühren. Nach Geschmack etwas nachwürzen. Den warmen Spargel mit der Sauce mischen. Mit den rohen Champignonscheiben auf die Kressehäufchen verteilen.
Die Butter im letzten Moment in der Bratpfanne erhitzen. Das Filet hineinlegen und rosa braten. Mit Salz und Pfeffer würzen. Das Fleisch in ganz dünne, kleine Scheiben schneiden und rund um den Salat anrichten. Mit grobgehackten Walnüssen bestreuen und den Salat warm servieren.

Hinweis Die Sauce kann im voraus zubereitet und im letzten Moment unter Rühren nochmals erhitzt werden.

Für 4–6 Personen
500 g frischer grüner
Spargel
1 TL Salz
1 Prise Zucker

Sauce
3 EL Walnußöl
3 EL Sonnenblumenöl
¹/₂ EL Honigessig
Salz, Pfeffer aus der
Mühle
Kopfsalatblätter
nach Belieben
frischgebratene
Gänseleber oder
1 Scheibe
Gänseleberparfait

Salat aus grünen Spargelspitzen

Eigenkreation Agnes Amberg

Den grünen Spargel waschen, nicht schälen. In der unteren Hälfte zusammenbinden und in so viel kochendes Salzwasser mit einer Prise Zucker stellen, daß die Spitzen aus dem Wasser ragen. Etwa 10 Minuten kochen. Die Spitzen sollen dabei knapp weich werden. Etwas abkühlen lassen. Die Spargelenden wegschneiden.

Die Spargelenden mit dem Walnußöl im Mixer fein pürieren. Die anderen Saucenzutaten beigeben, aufschlagen, durch ein feines Sieb passieren. Die Spargelspitzen gut abtropfen lassen und bündelweise auf flache Teller verteilen. Mit der Sauce begießen. Ein Salatblatt dazulegen, welches mit einer Scheibe Gänseleber garniert wird. Frisch geröstetes Weißbrot oder Brioche dazu servieren.

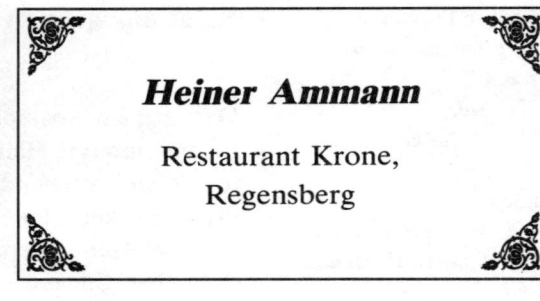

Heiner Ammann

Restaurant Krone,
Regensberg

Für 4 Personen
10 Stangen Spargel
(Cavaillon oder
Camargue)
Salz, wenig Zucker
2 Eier
30 g Parmesan
Kerbel und Petersilie,
gehackt
Salz und Pfeffer
40 g Butter
4 dünne Scheiben
Bornholmer
Räucherlachs
(je ca. 40 g)

Trüffelsauce
1 dl Chablis oder
trockener Weißwein
1 mittlerer Trüffel, frisch
oder aus der Dose
50 g Butter
Zitronensaft
Salz, Pfeffer
Safranpulver

16 Blätter
Zitronenmelisse oder
Pfefferminze

Spargel Mailänder Art und Bornholmer Räucherlachs mit Trüffelsauce

Den Spargel schälen. Kalt in Salzwasser mit wenig Zucker aufsetzen und knackig kochen. Den Spargel herausnehmen und auf einem Tuch abtropfen lassen. Die Eier, Parmesan, Kerbel, Petersilie, Salz und Pfeffer miteinander verrühren. Den Spargel der Länge nach halbieren und durch das Ei ziehen. In der Butter in einer Bratpfanne goldgelb herausbraten. Je 5 halbe Spargelstangen anschließend auf großen, flachen, warmen, weißen Tellern (oder Glastellern) fächerförmig anrichten. Je 1 Scheibe Räucherlachs auf die Enden der Spargel legen.
Den Chablis (Weißwein) in eine Saucenpfanne geben. Den Trüffel in feine Streifen (Julienne) schneiden und dazugeben. Würzen. Aufkochen lassen. Diese Flüssigkeit mit der Butter flockenweise aufschwingen. Reduzieren, bis sie die gewünschte Dicke hat. Mit Zitronensaft, Safran, Salz und Pfeffer abschmecken. Die Trüffelsauce mit einem Löffel über den Lachs nappieren.
Je 4 Zitronenmelisseblätter als Garnitur zwischen die Spargelspitzen legen.

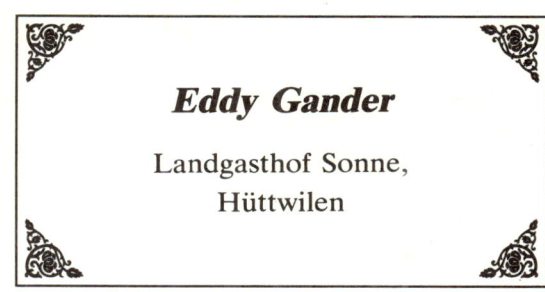

Eddy Gander

Landgasthof Sonne, Hüttwilen

Für 4 Personen
Spargelmousse
500 g geschälter Spargel
180 g Béchamelsauce
150 g Geflügelaspik
Salz, Pfeffer, Cayenne,
Zitronensaft,
Worcestersauce
¹/₂ l Sahne

20 kleine Krebse
Cognac
Noilly-Prat
Sahne
Dill (Gurkenkraut)

Spargelmousse auf kaltem Krebsschaum, mit Krebsen und Spargelspitzen garniert

Spargel weich kochen, abtrocknen. Mit der Béchamel im Mixer pürieren, durch ein Sieb streichen. Das lauwarme Aspik daruntermischen, würzen. Kurz vor dem Anziehen die leicht geschlagene Sahne darunterziehen. Abschmecken. Kalt stellen.

Die Krebse im Dillsud kochen. Den Krebsschaum zubereiten, abschmecken mit wenig Cognac, erkalten lassen, mit Noilly-Prat und Schlagsahne verfeinern. Den Schaum auf den Teller geben, Spargelmousse darauf. Mit Krebsschwänzen garnieren, mit grünen Spargelspitzen und Dill Kontrast geben.

Henry Haller

Chef de cuisine im Weißen Haus,
Washington

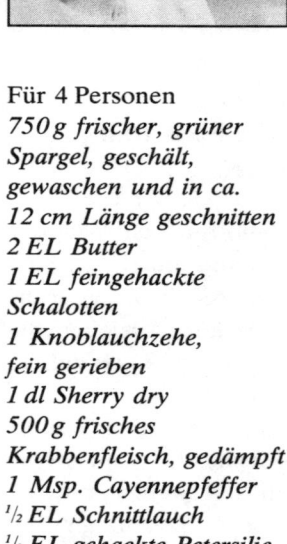

Für 4 Personen
750 g frischer, grüner
Spargel, geschält,
gewaschen und in ca.
12 cm Länge geschnitten
2 EL Butter
1 EL feingehackte
Schalotten
1 Knoblauchzehe,
fein gerieben
1 dl Sherry dry
500 g frisches
Krabbenfleisch, gedämpft
1 Msp. Cayennepfeffer
½ EL Schnittlauch
½ EL gehackte Petersilie
1 Tasse Sauce Choron
1 Tasse Fischvelouté
1 Tasse Sahne,
geschlagen
1 EL geriebener
Parmesan

Grüner Spargel und Krabben, gratiniert

Ofen vorheizen. Eine ovale Gratinplatte mit Butter bestreichen. Den Spargel in Salzwasser 5 Minuten kochen, dann aus dem Wasser nehmen und abtropfen lassen. Die Butter in einer Sautepfanne erhitzen und die Schalotten und etwas später den Knoblauch beigeben. Dann den Sherry zufügen und das Ganze reduzieren. Zuletzt das Krabbenfleisch, Cayennepfeffer, Schnittlauch und Petersilie mit der Reduktion sehr sorgfältig vermischen und heiß werden lassen.

Die Gratinplatte mit dem Spargel belegen, dann das Krabbenfleisch auf die Mitte des Spargels auflegen. Die Sauce Choron mit der Velouté und geschlagener Sahne vermischen und das Krabbenfleisch sorgfältig nappieren, mit Käse bestreuen und im Ofen leicht braun backen (gratinieren). Sofort servieren.

Robert Haupt

Wirtschaft zur Höhe, Zollikon

Für 4 Personen
16 Stangen
Cavaillon-Spargel
Salz, Zucker, Butter
8 Scheiben Rohschinken

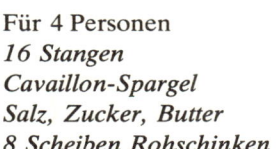

Sauce
100 g Butter
Reduktion aus Weißwein,
Essig, Schalotten,
Lorbeer und
Pfefferkörnern
2 Eigelb
20 g gemahlene, geröstete
Haselnüsse
2 EL geschlagene Sahne

Spargel mit Haselnußbuttersauce

Aus geklärter Butter, der Reduktion und den Eigelb eine Sauce Hollandaise herstellen, abschmecken und mit den gerösteten Haselnüssen vermischen.

Den gut geschälten Spargel mit Salz, wenig Zucker und etwas Butter kochen. Je 2 Spargelstangen nehmen und die untere Hälfte mit 1 Scheibe Rohschinken umwickeln, auf eine gebutterte Gratinplatte anrichten. Die Sauce Hollandaise mit der Schlagsahne vermischen und die Spargelspitzen damit nappieren. Den Spargel unter dem Grill oder Salamander überbacken und sofort servieren.

Felix Hubli

Hubli's Landhaus,
Davos-Laret

Für 4 Personen
16 große Spargelstangen
Salz, Zucker, Butter
12 Scampischwänze,
ausgebrochen
½ dl Weißwein
8 schöne Trüffelscheiben

Salatsauce
Je 20 cl Sherryessig,
Walnußöl, Olivenöl,
Sonnenblumenöl, Sahne
1 Msp. Dijonsenf, Salz,
Pfeffer, 1 TL
Schnittlauch

Spargelsalat Belle Epoque

Den Spargel in Salzwasser mit etwas Zucker und Butter knackig kochen. Die Scampischwänze im Weißwein kurz pochieren. Spargel auf Teller verteilen, die lauwarmen Scampischwänze dazulegen, mit Trüffelscheiben garnieren und die Salatsauce über Spargel und Scampi nappieren.

Für 4 Personen
2 kg Spargel
Salz, Zucker, Butter
1 dl Geflügelfond
2,5 dl Sahne
40 g Trüffeljulienne

Spargelragout mit Trüffeln

Den Spargel gut schälen und waschen. Die Enden abschneiden und in einer Kasserolle in Butter gut andünsten, mit Fond ablöschen und weich kochen, danach mit dem restlichen Fond durch ein Sieb drücken. In der Zwischenzeit den Spargel im Salzwasser mit etwas Zucker und Butter knackig kochen. 8 schöne Spargelstangen auf die Seite legen und den Rest in größere Abschnitte schneiden. Das Spargelpüree mit der Sahne und der Trüffeljulienne zu einer sämigen Sauce kochen, die Spargelrondellen in die Sauce geben, noch einmal durchkochen und auf 4 tiefe Teller verteilen, mit den ganzen Spargelstangen garnieren. Dazu kann man trocken gekochten Reis servieren.

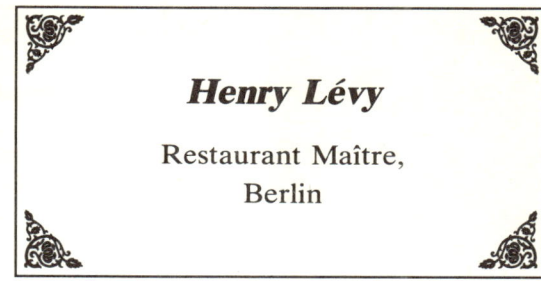

Henry Lévy

Restaurant Maître,
Berlin

Für 4 Personen
8 lebende Krebse
¹/₂ Schalotte
20 g Butter
1 Karotte
1 Stange junger Lauch
4 cl trockener Weißwein
1,5 dl Sahne oder
Crème double

500 g grüner Spargel
2 cl Champagner brut
Salz
5 dl Sahne
10 g Pistazien
1 Tropfen Zitronensaft
Pfeffer
2 Eiweiß

Kleines Spargelsoufflé mit Krebsen

Die Krebse 2 Minuten lang in kochendem Wasser abtöten. Die Schwänze abtrennen und zur Seite stellen. Die Karkassen (der Rest der Schale) säubern.

Die halbe Schalotte gehackt in Butter glasig werden lassen. Die in Brunoise (kleine Würfel) geschnittene Karotte und Lauch dazugeben. Die Krebsschalen beifügen und 2–3 Minuten anziehen lassen. Mit dem Weißwein ablöschen und die Sahne dazugeben. Nach ca. 5 Minuten schwachen Kochens die Sauce passieren und danach zur Hälfte einkochen.

Den grünen Spargel vorsichtig waschen und in wenig Wasser mit Champagner und Salz knackig kochen. Die Spitzen 2 cm lang abschneiden. Die Stangen im Mixer pürieren und mit der Sahne zur Hälfte reduzieren. Die geschälten Pistazien im Mörser zerstoßen und dem Spargelpüree beigeben. Gut vermengen.

Die vorher (oben) zubereitete Sauce mit dem Spargelmus vermischen, abschmecken. Die Eiweiß zu Schnee schlagen und vorsichtig unter die Masse heben. Die Krebsschwänze schälen, vierteln und zusammen mit den Spargelspitzen unter das Püree mischen. Eine Souffléform ausbuttern und mit der Masse zu ³/₄ füllen. Im Wasserbad bei 200 Grad im Ofen ca. 15 Minuten treiben lassen.

Andreas Lüssenhop

Witten's Hop,
Hannover

Für 4 Personen
2 Ziegenrücken
frischer Estragon
weißer Pfeffer
Koriander
Würzgemüse (Sellerie,
Karotte, Schalotte,
Blattpetersilie)
Pfeffer, Salz
50 g grüner Speck

Petersilienwurzelcreme
3 Petersilienwurzeln
$^{1}/_{4}$ l Rinderbrühe
0,1 l Sahne
Salz, Pfeffer
Zitrone
gehackte und gezupfte
Blattpetersilie

2 EL Butter
1,2 kg Spargel
20 g Butter

Milchziegenrücken in Estragon mit weißem Spargel und Petersilienwurzelcreme

Die Ziegenrücken grob zuschneiden, nicht parieren. Zwischen den Rippenbögen 24 Stunden mit frischem Estragon, gestoßenem weißem Pfeffer und gemahlenem Koriander trocken marinieren. Dann im Ofen bei starker Hitze rosa braten. Wenn die Oberfläche eine mittlere Bräunung angenommen hat, die Würzgemüse, Trockenmarinade und Speckwürfel dazugeben und das Fleisch darauf rosa nachziehen lassen.

Die Petersilienwurzeln schälen, in Scheiben schneiden, in Butter hell anschwitzen, Brühe angießen und zugedeckt garziehen lassen. Dann pürieren, durch ein Haarsieb streichen, nochmals aufkochen, die Sahne hinzugeben, mit Salz, Pfeffer und Zitrone abschmecken, gehackte Blattpetersilie hinzugeben und mit Butterflocken montieren.

Den Spargel wie gewohnt zubereiten und mit flüssiger Butter beträufeln. Die Spargelstangen auf Tellern arrangieren. Das Fleisch, den Rippenbögen entsprechend, in Koteletts tranchieren und mit den Koteletts einen Fächer an die Spargelstangen anlegen und mit der Petersiliensauce umgießen. Die Sauce mit gezupfter Blattpetersilie garnieren.

Für 4 Personen
24 weiße Spargelstangen
1½ l Rinderbrühe
½ l kräftige
Geflügelbrühe
Salz, Muskat, Pfeffer
frischer Kerbel

Kalbfleischklößchen
160 g schieres Kalbfleisch
1 Eiweiß
160 g Sahne

Klare Spargelsuppe mit Kalbfleischklößchen und Kerbel

Den geschälten Spargel in 2 cm lange Stücke schneiden, die Köpfe gesondert legen. Die Stücke mit der Brühe langsam zum Kochen bringen und ca. 30 Minuten ziehen lassen. Die Spargelbrühe durch ein Tuch abpassieren und mit Salz, Muskat und Pfeffer abschmecken. Nun die Köpfe hinzugeben und nochmals 10 Minuten ziehen lassen. Inzwischen aus dem Fleisch, dem Eiweiß, der Sahne und Salz in der Moulinette eine Farce für die Klößchen herstellen, diese durch ein Haarsieb treiben und im Kühlschrank ca. 20 Minuten ruhen lassen. Die Klößchen mit einem Teelöffel abstechen, in gewürztes, siedendes Wasser geben, kurz ziehen lassen, in tiefe Suppenteller verteilen. Die Brühe auffüllen und frischen, gezupften Kerbel aufstreuen.

Für 4 Personen
600 g weißer Spargel
20 Köpfe von grünem
Spargel, blanchiert
10 Blatt Gelatine
5 EL Spargelbrühe
Salz, Pfeffer, Muskat,
Zitrone
200 g Sahne, geschlagen
250 g pochierte
Lachsfilets
100 g Crème fraîche
80 g Kaviar
frische Dillspitzen

Spargelterrine mit Lachs und Kaviar

Den weißen Spargel schälen, in 5 cm lange Stücke schneiden, garen und abtropfen lassen. Im Küchenmixer pürieren und durch ein Haarsieb streichen. Die eingeweichte Gelatine leicht ausdrücken und in 5 EL warmer Spargelbrühe auflösen; dann in das Spargelpüree rühren. Nach Geschmack würzen und dann die geschlagene Sahne unterheben. Die vorbereitete Terrinenform halb mit der Mousse füllen. Die Lachsfilets so einlegen, daß sich beim Anschnitt ein schönes Bild ergibt. Die restliche Mousse auftragen und mit der Palette die Oberfläche glattstreichen. Zugedeckt im Kühlschrank ca. 6 Stunden gut durchziehen lassen.
Crème fraîche halbfest schlagen und dann 40 g Kaviar zum Würzen unterheben. Den

halben Tellerspiegel mit der Crème fraîche ausgarnieren, eine erkaltete Tranche Spargelterrine anlegen und dann die blanchierten grünen Spargelköpfe als Garnitur mit in die Kaviarcrème legen. Auf die Tranche ½ Teelöffel Kaviar aufsetzen und eine Dillspitze anlegen.

Für 4 Personen
24 grüne und 24 weiße, dünnere Spargelstangen
50 g Gemüsebrunoise (Möhre, Sellerie, Lauch)
1 TL Balsamessig
2 TL weißer Kräuteressig
1 EL Olivenöl
2 EL Distelöl
1 EL feingehackte Kräuter (Estragon, Kerbel, Petersilie)
je 1 Prise Zucker und Salz

Pro Person 4 frische Morcheln (bei getrockneter Ware 12 Stunden vorher in Milch einweichen und dann einmal aufkochen)
20 g Butter
Salz, Pfeffer, Muskat

2 Tauben
Butter zum Braten
¼ l trockener Weißwein
2 EL Kräuteressig

Sautierte Taubenbrust mit Spargelmikado und Morcheln

Die Spargelstangen auf eine Länge von 10–12 cm kürzen und schälen. 10–12 Minuten in sanft siedender Gemüsebrühe garziehen lassen. Unterdessen aus Essig und Öl eine sämige Vinaigrette rühren, mit Kräutern, Zucker und Salz abrunden. Die noch warmen Spargelstangen in dieser Sauce marinieren.

Die Morcheln gut reinigen, längs halbieren und in aufschäumender Butter andünsten und knapp garen. Mit Salz, Pfeffer und etwas geriebener Muskatnuß würzen.

Die ausgenommenen, abgespülten und sorgfältig trockengetupften Tauben mit der Brustseite nach unten in schäumender Butter anbraten, dann mit der Brustseite nach oben ca. 12 Minuten im 200 °C heißen Backofen garziehen lassen. Mit der Brustseite nach unten 5 Minuten auf dem Tranchierbrett ruhen lassen. Das Bratfett aus der Pfanne abgießen, den Fond mit dem Weißwein und Kräuteressig ablöschen, auf 4 Eßlöffel einkochen, durchpassieren.

Die marinierten Spargel wie ein Mikadospiel auf Tellern anrichten. Die Taubenbrüste vom Knochen lösen, längs halbieren und quer in Scheiben schneiden. Zu den Spargelportionen anrichten, sparsam salzen und pfeffern, den Bratenjus hinzugeben und an die Taubenbrüste angießen. Die warmen Morcheln daranlegen, mit frischem Kerbel garnieren.

Anton Mosimann

The Dorchester,
London

Für 4 Personen
600 g grüner Spargel
20 cl Spargelwasser
¹/₂ TL Zitronensaft
etwas abgeriebene
Zitronenschale
Salz, weißer Pfeffer aus
der Mühle
1 TL milder Senf
¹/₂ TL Cognac
5 Blatt Gelatine
2 Eiweiß, steif geschlagen
20 cl Sahne
120 g magerer Schinken

Grüne Spargelmousse

Die gekochten Spargelspitzen in den Mixer geben und mit Spargelwasser, Zitronensaft und -schale, Salz, Pfeffer und Senf ganz fein pürieren. Den Cognac beifügen. Die kalt eingeweichte Gelatine in 2 Eßlöffeln Wasser in einem Pfännchen unter Rühren auf kleiner Hitze auflösen, bis eine klare Flüssigkeit entsteht. Diese Flüssigkeit dem Spargelmus beigeben. Im Kühlschrank so lange anziehen lassen, bis sie am Rand entlang fest wird. Herausnehmen, aufrühren, den Eischnee und die steifgeschlagene Sahne daruntermischen. Die Mousse im Kühlschrank in 2–3 Stunden fest werden lassen und direkt aus dem Kühlschrank auf den Tisch bringen. Mit heißen Löffeln aus der Form stechen und auf Schinkenjulienne, d. h. feinstreifig geschnittenem Schinken, anrichten.

49

Für 4 Personen
24 gekochte
Spargelspitzen
4 Riesencrevetten,
gekocht und geschält

Sauce
2 naturreine Orangen
2 EL Orangenlikör
10 cl Sahne
1 dl Mayonnaise
3 EL Ketchup
etwas Orangen- und
Zitronensaft
1 Prise Cayennepfeffer
Salz, Pfeffer

Spargelcocktail

Die Orangen gut waschen und aus deren Schalen 2 Eßlöffel feine Streifen schneiden. Die Streifen in wenig Wasser kurz aufkochen, dann kalt abspülen, abtropfen und im Likör marinieren. Die Orangen mit dem Messer schälen, die Fruchtfilets aus den weißen Häutchen herauslösen. Steifgeschlagene Sahne, Mayonnaise, Ketchup, Orangenstreifen, etwas Orangen- und Zitronensaft vermischen und würzen. Den Spargel mit den Orangenschnitzen in vier Coupegläser verteilen. Die Sauce darübergeben und mit den Riesencrevetten garnieren.

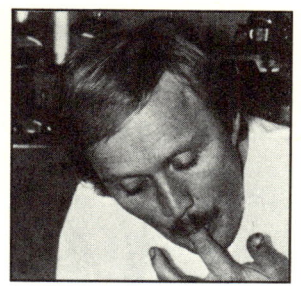

Horst Petermann

Restaurant Kunststuben,
Küsnacht

Für 4 Personen
*500 g grüner italienischer
Spargel
200 g rohes entsehntes
Poulardenfleisch
50 g Kerbel und
Petersilie, feingehackt
1 Prise Cayennepfeffer
Salz, Pfeffer
2 Eiweiß
2–3 dl Sahne oder
Crème double
15 g rosa Pfeffer
50 g Butter*

Tomaten-Basilikum-
Vinaigrette
*6 Stück oder 500 g rote,
feste Tomaten
50 g Basilikum
20 g Petersilie, gehackt
1 dl Traubenkernöl
2 EL milder Sherryessig
Pfeffer, Meersalz aus der
Salzmühle*

Spargelterrine mit rosa Pfeffer und Tomaten-Basilikum-Vinaigrette

Den Spargel, und zwar nur den grünen Teil, in Salzwasser noch leicht knackig kochen, abkühlen und auf einem Tuch gut abtropfen lassen. Das gut durchgekühlte Poularden-fleisch in der Moulinette mit dem gehackten Kerbel und Petersilie rasch mixen, mit einer Prise Cayenne, Salz und Pfeffer würzen. Diese Masse nochmals durch ein Haarsieb streichen und kalt stellen. Unter die gut ge-kühlte Farce langsam die Sahne ziehen, den rosa Pfeffer dazugeben und evtl. nochmals abschmecken. Eine Terrinenform von ca. 24,5 cm Länge und ca. 6,5 cm Höhe gut but-tern, mit Alufolie auslegen und nochmals die Alufolie buttern. 1 cm Farce auf den Terri-nenboden verteilen, dann gleichmäßig eine Lage Spargel einschichten, wiederholen mit Farce und Spargel, bis die Terrine gefüllt ist, die letzte Schicht muß Farce sein. Mit dem Terrinendeckel die Form schließen und im Ofen bei ca. 160 °C im Wasserbad langsam pochieren, ca. 35–45 Minuten. Abkühlen las-sen, aus der Form nehmen und 24 Stunden ruhen lassen. Auf eine Tomaten-Basilikum-Vinaigrette setzen. Anrichten mit frischen Sa-laten oder feingeschnittenem Basilik-Rauch-lachs.
Die Tomaten enthäuten, entkernen und in feine Würfel schneiden. Zusammen mit den übrigen Zutaten eine Vinaigrette zubereiten.

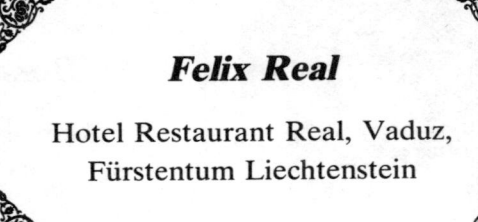
Salat von Grünspargel

Pro Person
5 Stangen Grünspargel
etwas Kresse
Brüsseler Endivie
½ geschälte Tomate
1 EL in Streifen
geschnittene, gekochte
Ochsenzunge
3 Walnußkerne

Sauce
1 EL Mayonnaise
1 El flüssige Sahne
1 EL kaltes
Spargelwasser
1 TL Cream-Sherry
½ TL Essig
1 Msp. gehackter Dill

Den gekochten kalten Spargel in ca. 4 cm lange Stücke schneiden und auf wenig Kresse und feingeschnittene Brüsseler Endivie auf flachen Teller anrichten, wobei zu beachten ist, daß die Spargelspitzen nach außen zum Tellerrand gelegt werden. Tomatenwürfel, Zungenstreifchen und die zerkleinerten Walnußkerne über den Spargel streuen und mit der Sauce überziehen.

Krustade von Grünspargel

Pro Person
Blätterteig
6 Stangen Grünspargel
3 EL Sauce Hollandaise
1 EL Spargelwasser
1 TL geriebener Gruyère

Rechteckige Blätterteigflecken, 3 mm dick und 6 × 8 cm groß, im Ofen goldgelb bakken, auf einen heißen Teller legen und mit den frisch gekochten, warmen, abgetropften Spargelstangen belegen. Die Sauce Hollandaise mit dem Spargelwasser verdünnen und die Spargelstangen damit überziehen. Mit dem geriebenen Gruyère bestreuen und ganz kurz bei Oberhitze (ca. 30 Sekunden) überbacken.
(Den Blätterteig kann man auch fertig beim Konditor kaufen.)

Grünspargel Primeur

Pro Person
250 g Grünspargel
1 EL gewürfelter
gekochter Schinken
1 TL Semmelbrösel
30 g Butter
¹/₂ TL Orangenzeste
1 EL Orangensaft

Den Spargel kochen, auf heiße Teller anrichten, mit den Schinkenwürfeln und den Bröseln bestreuen. Die Butter goldgelb erhitzen. Im letzten Moment die Orangenzeste und den Orangensaft an die heiße Butter geben und über den Spargel gießen.

Grünspargel können nach allen Rezepten wie weißer Walliser oder Cavaillon-Spargel zubereitet werden. Grünspargel sind delikater, zarter und feiner im Geschmack, erfordern eine sorgfältige Zubereitung und Anrichteweise, sollten nicht zu weich, d. h., nur 7–10 Minuten im Salzwasser mit einer Prise Zucker langsam gekocht werden. Grünspargel soll man vor dem Kochen auf etwa 17 cm zurückschneiden.

53

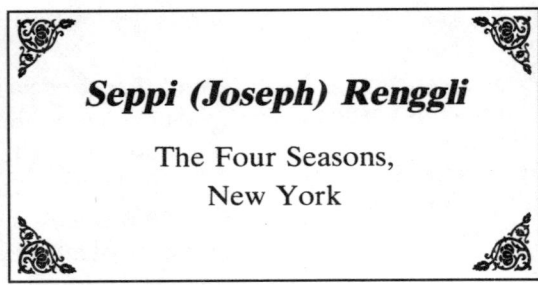

Seppi (Joseph) Renggli

The Four Seasons,
New York

Für 4 Personen
1,8 kg Spargel
2 Tomaten
80 g roter
Gemüsepaprika
1 kleine Zwiebel
Salz, Pfeffer, Tabasco
1 EL Weißweinessig
wenig Zitronen- und
Orangenzeste
15 cl Olivenöl

Spargel in roter Paprikasauce

Den Spargel wie üblich kochen. Die Tomaten oben kreuzweise einschneiden und im siedenden Wasser 15 Sekunden überwallen lassen, schälen. Die Paprikaschoten von den Kernen befreien und zusammen mit der geschälten Zwiebel und den Tomaten im Mixer pürieren, in ein kleines Pfännchen geben und langsam einkochen lassen. Abschmecken mit Salz, Pfeffer, Tabasco, Essig, Orangen- und Zitronenzeste. Die Sauce passieren und in einem langen Streifen auf den vorgewärmten Teller gießen. Darauf den heißen Spargel anrichten und mit Olivenöl bestreichen.

Für 4 Personen
450 g grüner Spargel
50 g Butter
30 g Mehl
Salz, Pfeffer, Muskat
4 Eigelb
4 Eiweiß
1 dl Sahne

Grünes Spargelsoufflé

Die Spargelstangen nur zur Hälfte garen. Das untere Drittel abschneiden und im Mixer pürieren. Butter in Pfännchen erhitzen, mit Mehl abrühren und mit der kalten Milch auffüllen. Das Spargelpüree mit der Mehl-Milch-Sauce vermischen und mit Salz, Pfeffer und Muskat würzen. Erkalten lassen und die Eigelb einzeln darunterziehen. Eiweiß und Sahne steif schlagen und sorgfältig unter die Masse mischen. Eine Auflaufform ausbuttern und mehlen. Die Masse einfüllen und die Spargelspitzen senkrecht hineinstellen. Im Ofen bei steigender Hitze 20–25 Minuten backen. Sofort servieren.

Ernesto Schlegel

Du Théâtre, Restaurant,
Bern

Für 4 Personen
20 pochierte
Spargelspitzen
100 g frische Morcheln
1 EL geschlagene Sahne
1 EL Hollandaise
geriebener Parmesan

Gratinierte Spargelspitzen nach Mutter Jeanne

Die Spargelspitzen in gebutterte Gratinplättchen verteilen. Unter die frischen Morcheln die Schlagsahne und die Hollandaise ziehen, über die Spitzen geben, wenig geriebenen Parmesan daraufstreuen und gratinieren.

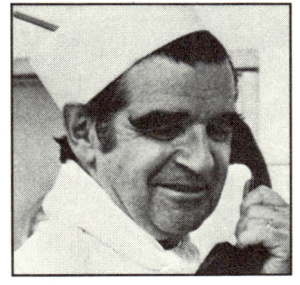

Paul Spuhler

Dolder Grand Hotel,
Zürich

Pro Person
Krustade aus Blätterteig,
10 × 7 cm groß, mit
Deckel
5 Stangen frischer
Spargel (Cavaillon)
2 EL Weißwein
1 dl Sahne oder
Crème double
20–25 g Butter
Salz, Cayennepfeffer

Krustade von Cavaillon-Spargel

Die Krustade à la minute backen. Den geschälten Spargel in wenig Salzwasser kochen. Den Spargelsud mit dem Weißwein fast gänzlich einkochen. Frische Sahne dazugeben und ebenfalls einkochen. Mit frischer Butter aufmontieren und gut abschmecken. Den Spargel auf Krustadengröße zuschneiden, einfüllen, mit der heißen Sahnesauce nappieren. Deckel daraufgeben und sofort servieren.

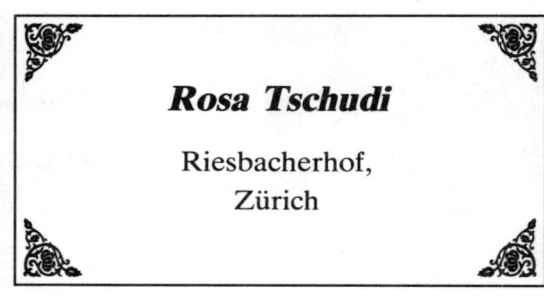

Rosa Tschudi

Riesbacherhof,
Zürich

Für 4 Personen
*20 Stangen grüner
Spargel
1 l Salzwasser
50 g Butter, Zitronensaft
12 Scampi*

Sauternes-Sauce
*2 dl Kalbsfond
3 dl Sauternes (weißer
Bordeauxwein)
2 dl Sahne oder
Crème double
1 dl Sahne, geschlagen
Salz, Pfeffer*

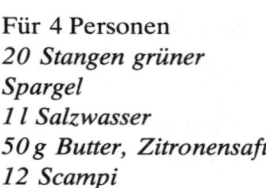

Spargel mit frischen Scampi in Sauternes-Sauce

Den Spargel im kochenden Salzwasser mit etwas Butter und Zitronensaft etwa 4–5 Minuten garen. Die Scampi auslösen.

Kalbsfond und Sauternes bis zur Hälfte reduzieren, die Sahne beifügen und nochmals kurz reduzieren. Kurz vor Fertigstellung die geschlagene Sahne beifügen, mit Salz und Pfeffer abschmecken.

Den Spargel in ca. 5–6 cm lange Stücke schneiden und im Spargelsud nochmals erwärmen. Ebenfalls die Scampi, leicht mit Salz und Pfeffer mariniert, im Sud ca. 10 Sekunden blanchieren. Spargelspitzen und Scampi auf den Teller ungleichmäßig anrichten und mit der Sauce nappieren.

Werner Vögeli

Restaurant Operakällaren,
Stockholm

Für 4 Personen
1,5 kg Spargel

Sauce
3 EL Kräuteressig
6 EL Sonnenblumenöl
1 EL Senf
Salz, Pfeffer,
Worcestersauce
Petersilie, frisch gehackt
Dill, frisch gehackt
1 kleine Zwiebel, fein
gehackt
1 Knoblauchzehe,
gepreßt
1 Ei, hart gekocht

Frischer Spargel mit feiner Kräutersauce

Mit großem Interesse kreiere ich neue Gerichte, um meine Gäste zu überraschen und
Ihnen eine Freude zu machen.
Am liebsten verwende ich die frischen Sai-
sonprodukte. So halte ich es auch mit Spargel. Es gibt nichts Besseres als ganz frisch
geschnittenen Spargel, gut geschält, was sehr
wichtig ist, und gerade gekocht. Warm serviert, mit einer Mousselinschaumsauce oder
einer guten Vinaigrette mit etwas frisch gehackten Kräutern und Ei.

Den Spargel in feinem Sud knackig garen.
Essig, Öl und Senf mit dem Schneebesen
tüchtig verquirlen und abschmecken mit den
Gewürzen. Die frisch gehackten Kräuter,
Zwiebel und Knoblauch dazugeben und
ebenfalls das gehackte Ei. Den Spargel in einer Serviette anrichten, die Kräutersauce ge-
trennt servieren.

Heinz Winkler

Restaurant Tantris,
München

Für 4 Personen
160 g grüne
Spargelspitzen,
ca. 7 cm lang
120 g Rinderfilet
2 EL Olivenöl
Zitronensaft
etwas Feldsalat
60 g Pfifferlinge
Saft von ¹/₂ Zitrone
1 Stück Weißbrot
Salz

Vinaigrette
¹/₂ TL Sherryessig
¹/₂ TL Weißweinessig
¹/₂ TL weißer
Estragonessig
¹/₂ TL roter Estragonessig
3 EL Olivenöl
Salz, Pfeffer

Mariniertes Rinderfilet auf Salat von grünem Spargel

Den dünnen Spargel ungeschält in kochendem Wasser mit dem Zitronensaft, Weißbrot und Salz kochen. Die Vinaigrette-Zutaten miteinander verrühren. Den Spargel gut abtropfen lassen und in der Vinaigrette marinieren. Das fettfreie Rinderfilet in dünne Scheiben schneiden und zwischen zwei Plastikfolien hauchdünn klopfen. Das Olivenöl auf einem Teller mit ein paar Tropfen Zitronensaft und Salz würzen und die rohen Filetscheiben durch diese Marinade ziehen. Die Pfifferlinge in wenig Wasser und Salz kurz andämpfen. Zusammen mit dem geputzten Feldsalat zu dem marinierten Spargel geben. Die Rinderfiletscheiben schräg geschnitten auf dem Salat anrichten.

58

Heinz Witschi

Restaurant Rebe, Zürich

Für 4 Personen

Füllung
*1 frischer Saibling,
ca. 600 g, oder 350 g
entgrätetes Fischfilet
6 cl trockener Weißwein
20 g gehackte Schalotten
15 g gehackter Estragon
Salz, Pfeffer
2 Eiweiß
3 dl Sahne
12 weiße Spargelspitzen
Butter für die Förmchen*

Sauce
*Grünes Olivenöl
20 g gehackte Schalotten
60 g Champignons
2,5 dl Fischfond
10 g Milchpulver
1 EL Sahne oder
Crème double
Salz, Pfeffer
Zitronensaft*

Garnitur
*6 weiße Spargelspitzen
6 grüne Spargelspitzen
1 Bund frischer Kerbel*

Warme Saiblingterrine mit Spargelspitzen

Die Saibling- oder Fischfilets 2 Stunden mit dem Weißwein, Schalotten und Estragon marinieren. 220 g davon kurz mit Salz und Pfeffer mixen, Eiweiß und Sahne beifügen und zu einer homogenen Masse mixen. Abschmecken. Die Spargelspitzen ca. 5 Minuten in Salzwasser kochen und abtropfen lassen. Die restlichen 130 g Fischfilet in Würfel schneiden. Die ovalen Förmchen buttern, halb mit der Fischmasse füllen, pro Förmchen 3 Spargelspitzen und die Fischwürfel dazugeben, mit der Fischmasse auffüllen und im Wasserbad im Ofen bei mittlerer Hitze ca. 14 Minuten garen.

Inzwischen für die Sauce Olivenöl erhitzen, die Schalotten mit den geviertelten Champignons darin andämpfen und mit der Fischmarinade ablöschen, wenig einkochen. Den Fischfond beifügen, welcher mit dem Milchpulver versetzt war. Leise 15 Minuten köcheln. Die Sahne dazugeben und alles im Mixer pürieren, dann abschmecken. Die Sauce auf Teller anrichten. Die Terrine stürzen und auf die Sauce stellen, mit den Spargelspitzen garnieren. Gezupften Kerbel über die Spargelspitzen verteilen.

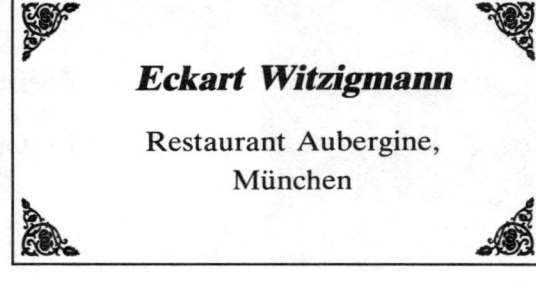

Eckart Witzigmann

Restaurant Aubergine,
München

Für 4 Personen
12 Stangen weiße Spargel
12 Stangen grüner
Spargel
12 frische Wachteleier
1 Kopf Kräuselendivie
2 cl Estragonessig
Kerbel
Crème fraîche

Dressing
Rotweinessig
Olivenöl
Salz, Pfeffer
etwas Senf

Spargelsalat mit pochierten Wachteleiern

Vorbereitung: Den weißen Spargel schälen. Beide Spargelsorten in Salzwasser auf den Punkt kochen. Den Salat putzen, waschen und trocknen. 1 Liter Wasser aufkochen und den Estragonessig zugeben. Das Dressing in einem flachen Geschirr aufrühren.

Zubereitung: Den Spargel in 5 cm langen Stücken mit etwas Dressing marinieren. Die Wachteleier im gekochten Essigwasser 1–2 Minuten pochieren. Den Endiviensalat anmachen und mit dem Spargel anrichten. Die Eier daraufsetzen und mit dem Kerbel ausgarnieren. Die Wachteleier mit etwas angerührter Crème fraîche überziehen.

Hans-Peter Wodarz

Die Ente vom Lehel,
Wiesbaden

Für 2 Personen
2 Entenbrüste, ausgelöst
200 g grüner Spargel
1 EL Butter
1 Prise Zucker
1/8 l Sahne
60 g Butter
Salz, Pfeffer, Muskat,
Zitrone, Madeira
2 Entenbrüste, ausgelöst
5 g Kerbel

Entenbrust mit Spargel

Den Spargel in Salzwasser mit Butter und Zucker knackig kochen, herausnehmen und die Stangen auf gleiche Länge schneiden. Die Spargelenden im Mixer zusammen mit etwas Spargelwasser pürieren, durch ein Haarsieb streichen. In einer Kasserolle bei milder Hitze mit Sahne und Butter binden. Abschmecken. Wer mag, kann die Sauce mit frisch blanchierten Morcheln ergänzen. Die Entenbrüste mit Salz und Pfeffer würzen, im auf 300 Grad vorgeheizten Backofen bei starker Hitze in 5–8 Minuten rosa braten. Warm stellen und 5 Minuten ruhen lassen. Die Entenbrüste aufschneiden und schräg an die Spargelspitzen anrichten.

61

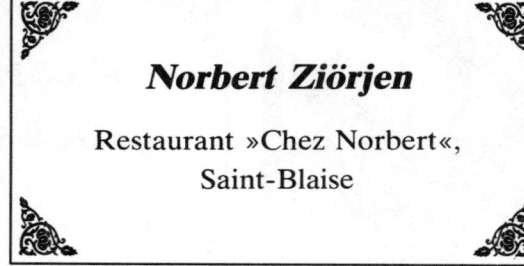

Norbert Ziörjen

Restaurant »Chez Norbert«,
Saint-Blaise

Für 4 Personen
300 g weißer Spargel
300 g grüner Spargel
4 Scheiben frische
Entenstopfleber,
à ca. 60–80 g
4 frische Wachteleier
15 g Butter
120 g Brunnenkresse
20 g Schnittlauch, fein
geschnitten
4 Scheiben Trüffel aus
dem Piemont

Salatsauce
2 cl Traubenkernöl
1 cl Rotweinessig oder
Sherryessig
Saft von ¹/₂ Zitrone
Salz und Pfeffer

Kalter Spargelsalat mit gebratener Entenstopfleber

Den weißen Spargel schälen und beide Spargelsorten separat in etwas Salzwasser nicht zu weich kochen. Inzwischen aus Öl, Essig, Zitronensaft, Salz und Pfeffer die Salatsauce gut mischen. Die Entenleber beidseitig würzen und ganz heiß ohne jegliche Fettzugabe beidseitig braten. Die Leber läßt sofort Fett aus, deshalb nicht zu lange braten lassen. Sie darf etwas krustig sein und muß vor dem Anrichten auf ein Abtropfgitter gegeben werden. Danach die Wachteleier separat wie Spiegeleier in der Butter braten. Zum Anrichten, wenn möglich, schöne Glasteller benützen. Die Brunnenkresse auf 4 Teller verteilen, den Spargel abwechslungsweise wie einen Fächer anrichten, mit der Salatsauce nappieren. Etwas Schnittlauch darübergeben. Dann die Entenleber anrichten, das Wachtelei daraufgeben, mit einer Trüffelscheibe garnieren und sofort servieren.

62

Aus meiner Rezeptsammlung

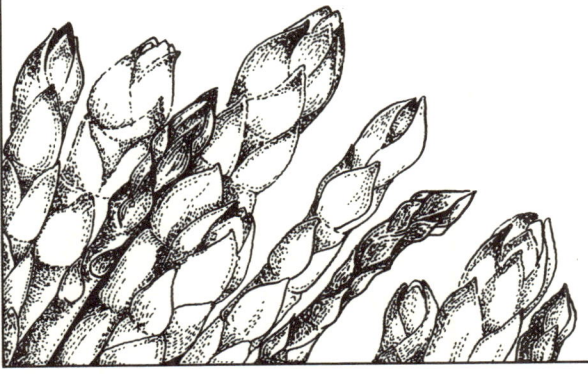

Suppen

Spargelcremesuppe

200 g Spargel
50 g Butter
30 g Mehl
1 dl Spargelsud
Salz, Pfeffer
1 Eigelb
1 dl Sahne
1 dl Sahne, geschlagen
Paprika
10 g Schnittlauch, in feine
Röllchen gehackt

Spargel wie vorgeschrieben (Seite 25) kochen und in kleine, gleichmäßige Stücke schneiden. Die Butter schmelzen und mit dem Mehl abrühren, den kalten Spargelfond beigeben und ca. 15 Minuten kochen lassen. Das Ganze durch ein feines Sieb passieren. Die Suppe mit Salz und Pfeffer würzen. Eigelb und Sahne verrühren und unter starkem Rühren in die Suppe gießen. Die Spargelstückchen am Schluß in der Suppe erwärmen und in vorgewärmte Tassen abfüllen. Mit der steifen Sahne Rosetten auf die Suppe dressieren und diese mit wenig Paprika und Schnittlauch bestreuen.

Spargelcremesuppe Doria

1 l Spargelcremesuppe
180 g Gurken
50 g Zwiebeln
15 g Butter

Eine Spargelcremesuppe zubereiten, wie nebenstehend angegeben. Die Gurken schälen und in Würfel schneiden. Die Zwiebel schälen und ganz fein hacken. Beides zusammen in Butter weich dünsten und würzen. Mit der inzwischen fertigen Spargelcremesuppe auffüllen und kurz kochen lassen.

Spargelcremesuppe mit Brokkoliröschen

600 g Spargel
5 dl Spargelsud
2 dl Sahne oder Crème double
wenig Speisestärke
Salz, Pfeffer
12 Brokkoliröschen
1 dl Sahne, geschlagen
2 EL Mandeln, gehobelt und
geröstet

Den Spargel im Sud kochen, die Spitzen abschneiden und halbieren, den Rest im Mixer pürieren. Das Spargelpüree und den Spargelsud mit der Sahne vermischen und zur gewünschten Dicke einkochen, notfalls noch mit Speisestärke abbinden. Würzen. Die Brokkoliröschen im Salzwasser garen. Die Suppe in die vorgewärmten Tassen füllen und die gegarten Brokkoliröschen und die halbierten Spargelspitzen als Garnitur in die Suppe legen. Obenauf eine Sahnerosette dressieren und mit den gerösteten Mandeln bestreuen.

Spargelcremesuppe Primavera

1 l Spargelcremesuppe
50 Karotten, 50 g Sellerie
50 g Lauch, 15 g Butter
Thymian

Wie auf Seite 65 beschrieben, eine Spargelcremesuppe zubereiten. Das Gemüse putzen und waschen, dann in kleine Würfel schneiden und in der Butter hell andünsten, Thymian beigeben und abschmekken. Die Gemüsewürfel mit den Spargelstückchen in die vorgewärmten Tassen geben und mit der Spargelcremesuppe aufgießen.

Amerikanische Spargelcremesuppe

8 Stangen grüner Spargel
1 Zwiebel, 30 g Butter
5 dl Geflügelfond
2¹/₂ dl Sahne
Salz, Pfeffer
1 TL Maisstärke
4 TL kalte Milch
wenig gehackte Petersilie

Den Spargel, wie auf Seite 25 beschrieben, kochen, die Spitzen abschneiden und zur Seite stellen. Die Zwiebel schälen und ganz fein hakken, in der Butter andünsten, mit Geflügelfond auffüllen. Die abgeschnittenen Spargelstangen in Stücke schneiden und beigeben. Die Sahne zugießen und alles leise köcheln lassen. Mit Salz und Pfeffer würzen. Die Stärke mit der

Milch anrühren, in die Suppe einfließen und aufkochen lassen, durch ein Sieb passieren. Die Spargelspitzen in Suppentassen verteilen und mit der heißen Suppe auffüllen. Nach Wunsch wenig gehackte Petersilie darüberstreuen.

Spargelpüreesuppe

2 l Bouillon, 200 g Kalbsbrust
250 g Hähnchenflügel
800 g Spargel, 2 dl Spargelsud
3 dl Bouillon, 2 dl Sahne
Pfeffer, Salz

Eine Bouillon zubereiten, wie auf Seite 29 angegeben. Das Fleisch blanchieren, in die siedende Flüssigkeit geben, auf kleinem Feuer in ca. 40 Minuten gar kochen. Den Spargel wie vorgeschrieben (Seite 25) kochen, die Köpfchen abschneiden und zur Seite stellen. Die Spargelstangen im Mixer pürieren zusammen mit dem Sud. Das Ganze wieder in das Kochgeschirr zurückgeben. Die Bouillon durch ein Sieb dazugießen, die Sahne beifügen und die Suppe unter Rühren zur gewünschten Dicke einkochen, evtl. noch würzen. Das Fleisch aus der Bouillon nehmen, die Flügel enthäuten und alles Fleisch in feine Streifen schneiden. Die Spargelköpfchen und das in Streifchen geschnittene Fleisch in vier vorgewärmte Suppenteller oder Tassen verteilen und die Suppe darüberfüllen.

Stangenspargel mit Beurre Noisette,
Rezept Seite 83

Nordische Spargelsuppe

600 g Spargel
4 dl Spargelfond
20 g Butter
20 g Mehl
2 dl Sahne, 2 Eigelb
Salz, Pfeffer
150 g Krabben, gekocht
frische Petersilie, gehackt
Kerbel und/oder Kresseblättchen

Den Spargel wie vorgeschrieben (Seite 25) kochen. Die Spitzen abschneiden und zur Seite stellen. Die Spargelstangen und eventuelle Reste mit dem Spargelfond im Mixer pürieren. In einem Pfännchen die Butter erhitzen, mit dem Mehl abrühren, den Spargelmix dazugeben und wenig sieden lassen. Sahne und Eigelb verquirlen und in die Suppe einlaufen lassen. Zur gewünschten Dicke einkochen und mit Salz und Pfeffer abschmecken. Die rosa Krabben in der Suppe erwärmen. Vor dem Servieren die Suppe mit Petersilie bestreuen. Nach Wunsch mit Kerbel und/oder Kresseblättchen garnieren.

Mexikanische Spargelsuppe

8 Stangen grüner Spargel
2 dl Sahne
Chilipulver
Salz, Pfeffer
$1/2$ Avocado
$1/2$ Cavaillon-Melone
30 g Butter
1 kleine Peperoni

Den Spargel schälen und, wie auf Seite 25 beschrieben, kochen. Etwa $1^{1}/_{2}$ cm von den Spitzen abschneiden und als Suppeneinlage zurückhalten. Die Schälabfälle zusammen mit den Stangen und dem Spargelwasser gut kochen lassen und durch ein Sieb passieren. Mit der Sahne verfeinern und mit den Gewürzen abschmecken. Die Avocado und Melone schälen, entkernen und in kleine Würfel schneiden, in Butter anziehen und zusammen mit den Spargelspitzen als Garnitur in Suppentassen verteilen. Die Peperoni ebenfalls in ganz feine Würfelchen schneiden, kochen, abschütten und über die angerichtete Suppe streuen.

Salate und Cocktails

Spargelsalat Pompadour

1 kg Spargel
100 g grüne Bohnen
100 g frische Champignons
Zitronensaft
200 g Karotten
½ Kopfsalat
Salz, Pfeffer
4 EL Walnußöl
1½ dl Sauce Vinaigrette (Seite 78)

Spargel und Bohnen kochen. Die
Champignons waschen, in feine
Scheiben schneiden und mit Zitronensaft beträufeln. Die Karotten
putzen, raffeln und auf dem Teller
einen schmalen Kranz formen. Mit
den gewaschenen Kopfsalatblättern ein wenig auffüllen. Spargel
und Bohnen in gleich große Stücke
schneiden und mit den Champignons vermischen. Mit Salz, Pfeffer
und Walnußöl anmachen und im
Karottenkranz anrichten. Separat
dazu die Vinaigrette servieren.

Spargelsalat Primadonna

600 g Spargel, weiß und grün
Salz, Pfeffer
80 g Joghurt
180 g frische Champignons
8 Radieschen
80 g Crevetten
Zitronensaft, Worcestersauce
0,3 dl Himbeeressig
0,6 dl Sonnenblumenöl
½ Kopfsalat, Zitronenmelisse

Den weißen Spargel schälen, alle
Spargel waschen. Nur das erste
Drittel der Spargel mit Spitze in
leicht schräge, dünne Scheiben
schneiden, den Rest für eine Suppe
verwenden. Die Spargelscheiben
mit Salz und Pfeffer würzen und
mit dem Joghurt vermischen. Die
Champignons und Radieschen waschen, in Scheiben schneiden und
zum Spargel geben. Die Crevetten
mit Zitronensaft, Worcestersauce
und Pfeffer marinieren und dem
Salat beigeben. Diesen mit Essig
und Öl anmachen. Den Kopfsalat
waschen und in Streifen schneiden,
anrichten und den angemachten
Salat daraufgeben. Die Zitronenmelisse hacken und den Salat damit
bestreuen. Garnieren mit einem
Zweigchen Melisse.

Mittelmeersalat

12 Miesmuscheln
8 Jakobsmuscheln
1 kleine Zwiebel
1 Knoblauchzehe
Petersilie
Salz, Pfeffer
Worcestersauce
Zitronensaft
100 g Kresse
1 kg Spargel, grün und weiß
2 Tomaten
2 EL Weißweinessig
1 dl Olivenöl

Die Muscheln wie gewohnt kochen.
Das Muschelfleisch vorsichtig von
der Schale lösen, den Bart entfernen. Zwiebel, Knoblauch und Pe-

tersilie fein hacken und mit den Muscheln, Salz, Pfeffer, Worcestersauce und Zitronensaft marinieren. Die Kresse waschen und gleichmäßig in die Cocktailschalen geben. Den Spargel kochen und in gleichgroße Stückchen von 2 cm Länge schneiden. Die Tomaten 15 Sekunden in kochendes Wasser geben, schälen, entkernen und in kleine Würfel schneiden. Die marinierten Meeresfrüchte mit Essig und Olivenöl anmachen. Spargelstückchen, Tomatenwürfel und die Meeresfrüchte vermischen und und in der Cocktailschale auf der Kresse anrichten. Mit je einer Muschelschale garnieren.

Spargelcocktail Lucullus

800 g Spargel, grün und weiß
30 g Räucherlachs
^{1}/$_2$ Grapefruit
60 g Hühnerfleisch, gegart
1 Tomate
2 Eier, hart gekocht

Sauce
60 g Mayonnaise
^{1}/$_2$ Becher Joghurt
2 EL Ketchup
Zitronensaft
Salz, Pfeffer

Den Spargel wie vorgeschrieben (Seite 25) kochen und in 2–3 cm große Stücke schneiden. Für die Sauce die Mayonnaise, Joghurt,

Ketchup und Zitronensaft vermischen und würzen. Räucherlachs, Grapefruit und Hühnerfleisch in Würfel schneiden und unter die Sauce ziehen. Den Spargel in einer Schale oder auf Tellern anrichten und mit der Saucenmischung nappieren. Die Tomate im kochenden Salzwasser 15 Sekunden überwallen lassen, schälen und in Schnitze schneiden, die Eier vierteln. Den Cocktail mit den Tomaten und Eiern ausgarnieren.

Französischer Spargelcocktail

700 g grüner Spargel
1 kleine Zwiebel
1 dl Sonnenblumenöl
4 TL Zucker
Pfeffer, Salz
Zitronensaft
150 g Erdbeeren
1 Avocado
krause Endivie

Den Spargel kochen und in etwa 3 cm große Stücke schneiden. Die Zwiebel fein hacken und zusammen mit Öl, Zucker, Pfeffer, Salz und Zitronensaft zu den Spargelstücken geben. Die Erdbeeren waschen und halbieren. Die Avocado schälen und in feine Scheiben schneiden. Die Endivie waschen, in Streifen schneiden und im gewünschten Geschirr anrichten. Erdbeeren, Avocadoscheiben und den marinierten Spargel vermengen und auf dem Endiviensalat anrichten.

Spargelsalat mit Artischocken

8 Artischockenböden, gekocht
800 g grüner Spargel
30 g Salzmandeln, gemahlen
5 EL Schlagsahne
Salz, Pfeffer,
Worcestersauce
Zitronensaft

Die gekochten Artischockenböden in Streifen schneiden. Den Spargel wie vorgeschrieben (Seite 25) kochen, die Spitzen wegschneiden und zur Seite stellen. Den Rest der Spargel in gleichgroße Stücke schneiden. Die gemahlenen Salzmandeln, die Schlagsahne und die Gewürze vermischen und zu den Artischockenstreifen und Spargelstückchen geben. Anrichten und mit den Spargelspitzen garnieren.

Spargelsalat Belle Epoque

1,2 kg Spargel
4 Hähnchenbrüste
100 g frische Champignons
500 g Kresse

Sauce
3 EL Sonnenblumenöl
¹/₂ dl Spargelfond
2 EL Sherryessig
1 TL Senf

Den Spargel wie vorgeschrieben (Seite 25) kochen und warm halten. Die Hähnchenbrüste braten und in feine Streifen schneiden.

Die Champignons waschen und in Scheiben schneiden. Die Kresse waschen und auf den Teller kleine Häufchen geben. Die rohen Champignonscheiben darauf verteilen. Den Spargel in gleichgroße Stückchen schneiden, mit den Saucenzutaten und dem Fleisch vermischen und abschmecken. Dazu einen Toast servieren.

Kräuterspargel

1,2 kg Spargel
(Menge als Vorspeise)
1,8 kg Spargel
(Menge als Hauptgericht)

Marinade
1 Zwiebel
1 Knoblauchzehe
1 Prise Zucker
1 EL Butter
4 dl Weißweinessig
je 1 TL Estragon, frisch gehackt
Majoran
Thymian
Petersilie
1 EL grüne Pfefferkörner
6 EL Keimöl
Pfeffer, Salz

Den Spargel wie vorgeschrieben (Seite 25) kochen. Die Schnüre entfernen und den Spargel in einen Topf mit Deckel legen. Zwiebel und Knoblauch fein hacken und mit den übrigen Zutaten vermischen. Diese Marinade über den Spargel geben und zugedeckt bei Zimmertemperatur 3–4 Stunden ziehen lassen.

Spargelcocktail Brazzaville

1 kg Spargel
150 g Sellerie
1 Joghurt natur oder
ein Fruchtjoghurt
100 g Magerquark
Salz, Pfeffer
20 Kopfsalatblätter
2 geräucherte Forellenfilets

Den Spargel im Sud garen. Den Sellerie in kleine Würfel schneiden und im kochenden Wasser blanchieren. Den Spargel in 2 cm lange Stückchen schneiden, zu den Selleriewürfeln geben und mit Joghurt und Quark anmachen, abschmekken. Die Cocktailschalen mit den gewaschenen und abgetropften Kopfsalatblättern ausschlagen. Die Forellenfilets in feine Streifen schneiden und den Cocktail damit umlegen.

Spargelcocktail Belle Jardinière

1,3 kg Spargel
3 Mandarinen
100 g Joghurt
50 g Magerquark
Salz, Pfeffer
200 g Brunnenkresse
120 g Schinken

Den Spargel im Sud garen und in ca. 2,5 cm große Stückchen schneiden. Die Mandarinen schälen, die Schnitze voneinander lösen und die Häutchen und Kerne entfernen.

Joghurt und Magerquark verrühren, mit Salz und Pfeffer abschmecken und den obigen Zutaten beigeben. Die Brunnenkresse gut waschen, abtropfen und in der Cocktailschale anrichten. Den Schinken in Julienne schneiden und über die Kresse streuen. Den angemachten Salat darüber anrichten.

Grüner Salat mit Spargelspitzen

Ein Rezept, bei dem der Geschmack des Spargels voll zur Geltung kommt.

800 g grüner Spargel
¹/₂ Kopf grüner Salat
1,2 dl Olivenöl
3 EL Rotweinessig
Salz, Pfeffer

Den Spargel an den Enden schälen und, wie auf Seite 25 beschrieben, knackig weich kochen. Die Spitzen abschneiden und als Garnitur zur Seite legen. Die Stangen in schräge Stücke schneiden. Den Salat putzen und waschen. Das Öl mit dem Rotweinessig 20 Sekunden mixen und mit den Gewürzen abschmekken. Mit den Salatblättern eine Schüssel auslegen und die mit einem Teil der Sauce angemachten Spargelstangen darin anrichten. Mit der restlichen Sauce die Spitzen anmachen und diese obenauflegen.

Spargelsalat mit Trüffeln und Champignons

1 Kopfsalat
16 Stangen grüner Spargel, gekocht
3 kleine Kartoffeln, gekocht
80 g Champignons
50 g schwarze Trüffeln (wenn möglich frisch)
Sonnenblumenöl
Sherryessig
Salz, Pfeffer

Den Kopfsalat putzen, gut waschen und abtropfen lassen. Den Spargel in Stücke, die Kartoffeln in kleine Würfel, die Champignons in feine Scheiben schneiden, die Trüffeln fein hacken. Alle Salatzutaten miteinander vermischen. Je nach Geschmack mit Öl und Essig anmachen, mit Salz und Pfeffer würzen.

Spargelsalat Andalusia

1 krause Endivie
2 Eigelb, hart gekocht
1 TL Kerbel, fein gehackt
1,2 kg Spargel
1 EL Sherryessig
1 EL Zitronensaft
3 EL Olivenöl
Salz, Pfeffer
2 Trüffeln

Die Endivie waschen und in feine Streifen schneiden. Die Eigelb hakken und mit dem Kerbel zu dem Salat geben. Den Spargel wie vorgeschrieben (Seite 25) kochen, in 2 cm lange Stücke schneiden und mit dem Salat vermischen. Alles mit Essig, Zitronensaft und Olivenöl anmachen und mit Salz und Pfeffer abschmecken. Anrichten in Salatschüssel oder auf Teller und mit feingehobelten Trüffelscheiben garnieren.

Kressesalat mit Spargelspitzen

1 hartgekochtes Ei
200 g grüne Bohnen
12 Spargelstangen
1 Tomate
Nußessig
Sonnenblumenöl
Salz, Pfeffer
200 g Brunnenkresse

Das Ei pellen, das Eigelb herauslösen und fein hacken, das Eiweiß in Streifen schneiden. Bohnen und Spargel knackig kochen. Die Spargelköpfe abschneiden (die Stangen mit den Abfällen vom Schälen für eine Suppe verwenden), die Bohnen in gleichgroße Stücke schneiden. Die Tomate mit kochendheißem Wasser 5 Sekunden überbrühen, häuten, entkernen und in Würfel schneiden. Den austretenden Saft auffangen, mit Essig und Öl mit dem Schneebesen gut verrühren, mit Salz und Pfeffer würzen und zuletzt durch ein Sieb passieren. Von der Brunnenkresse die groben und dicken Stiele entfernen, gut waschen und abtropfen lassen. Die Kresse mit sämtlichen Zutaten (ohne Eigelb) vermengen und mit der Sauce anmachen. Mit dem gehackten Eigelb bestreuen.

Stangenspargel mit verschiedenen Saucen kalt und warm

Der Spargel wird, wie unter Grundzubereitung angegeben (Seite 25), gekocht. Für kalten Stangenspargel kann er im Fond, mit einem feuchten Tuch zugedeckt, aufbewahrt werden, bis er gebraucht wird. Dann den im Fond erkalteten Spargel herausnehmen, die Schnüre vorsichtig entfernen und mit einer Serviette abtrocknen. Man kann sowohl die kalten wie auch die heißen Spargelstangen auf Teller anrichten und mit der gewünschten Sauce nappieren. Eine andere Möglichkeit ist es, die abgetropften Spargelstangen in eine Stoffserviette einzuwickeln und so auf dem Teller zu servieren. Bei dieser Variante muß die Sauce in einer Saucière separat gereicht werden.

Die kalten Saucen können auch zu warmem Spargel gereicht werden, sie passen vorzüglich.

Roher Schinken oder Bündnerfleisch, in dünne Scheiben geschnitten, und neue Kartoffeln sind eine beliebte Beilage zu Stangenspargel.

Kalte Saucen

Mayonnaise

Für 1 Liter
5 Eigelb
10 g Senf
5 g, Salz, Pfeffer
1 dl Essig
8 dl Sonnenblumenöl
Zitronensaft
Worcestersauce

Eigelb, Senf, Salz, Pfeffer und 1 EL Essig mit dem Schneebesen verrühren. Unter tüchtigem Rühren das Öl in dünnem Strahl beigeben. Abschmecken mit Essig, Zitronensaft und Worcestersauce, nochmals evtl. etwas Salz.

Sauce Diana

6 EL Mayonnaise
3 EL Zitronensaft
abgeriebene Schale von 1 Zitrone
1¹/₂ Avocados
1¹/₂ dl Sahne
Schnittlauch
Salz, Pfeffer

Mayonnaise, Zitronensaft und Zitronenschale vermischen. Die Avocados schälen, fein würfeln oder pürieren und sofort unter die Sauce mischen. Die Sahne steif schlagen und den fein geschnittenen Schnittlauch und die Mayonnaise mit den Avocados langsam darunterziehen. Würzen mit Salz und Pfeffer.

75

Dillmayonnaise

6 EL Mayonnaise
2 EL Dill, frisch gehackt
Salz, Pfeffer, Worcestersauce
4 Dillspitzen als Garnitur

Alles vermengen und pikant abschmecken. Garnieren mit je 1 Dillspitze.

Kalifornische Spargelsauce

2 Ananasscheiben
20 g Walnüsse
wenig Senfpulver
2 dl geschlagene Sahne
Zitronensaft
Salz, Pfeffer

Ananasscheiben und Walnüsse fein hacken. Senfpulver und die Sahne vermischen. Walnüsse und Ananas dazugeben. Abschmecken mit Zitronensaft, Salz und Pfeffer.

Kräutersauce I

Je 1 TL gehackte Petersilie,
Schnittlauch, Dill, Kerbel, Estragon
4 EL Mayonnaise
4 dl saure Sahne
Salz, Pfeffer, Worcestersauce
1 TL Meerrettich, frisch gerieben

Die Kräuter fein hacken und mit der Mayonnaise und der sauren Sahne vermengen. Abschmecken mit Salz, Pfeffer, Worcestersauce und dem frisch geriebenen Meerrettich.

Kräutersauce II

150 g saure Sahne
150 g Frischkäse
2 EL frische Kräuter, gehackt
(Petersilie, Schnittlauch, Kerbel,
Estragon, Dill)
$1/2$ TL Senf
Salz, Pfeffer

Sahne und Frischkäse gründlich verquirlen. Kräuter und Senf untermischen. Mit Salz und Pfeffer abschmecken.

Waadtländer Sauce

Cayennepfeffer
Salz
2 EL Weißwein
2 EL Senf, mild
6 EL Mayonnaise

Cayennepfeffer und Salz in Weißwein auflösen und mit dem Senf gründlich vermischen. Die Mayonnaise darunterziehen.

Florentiner Sauce

200 g frischer Spinat
6 EL Mayonnaise
1 dl Sahne
Salz, Pfeffer

Den frischen Spinat kochen und im Mixer pürieren. Die Mayonnaise mit dem Spinatpüree vermischen. Die Sahne steif schlagen und daruntermischen. Würzen mit Salz und Pfeffer.

Sauce Picanta

1/2 rote Paprika, klein geschnitten
150 g Doppelrahmfrischkäse
1 EL Tomatenketchup
4 EL Mayonnaise
Salz, Pfeffer, Paprika

Paprika und Doppelrahmfrischkäse im Mixer pürieren. Mit Tomatenketchup und Mayonnaise vermischen und würzen.

Tatarensauce

1 Zwiebel
1 Cornichon
20 g Kapern
1 Knoblauchzehe
2 Sardellenfilets
2 EL Petersilie
2 hartgekochte, gehackte Eier
6 EL Mayonnaise
Salz, Pfeffer, Worcestersauce

Alle Zutaten fein hacken und unter die Mayonnaise mischen. Abschmecken.

Sauce Robert

1 Joghurt
1 EL Senf
2 EL Mayonnaise
2 EL geschlagene Sahne
Salz, Pfeffer, Worcestersauce

Joghurt, Senf und Mayonnaise vermischen. Vor dem Servieren vorsichtig die Schlagsahne darunterziehen und würzen.

Weiße Quarksauce

1 Zwiebel
120 g Butter
1 dl Weißwein
1 dl Weißweinessig
Estragon
200 g Magerquark
2 dl Milch
Pfeffer, Salz
Worcestersauce

Zwiebel in wenig Butter anschwitzen, mit Essig und Wein auffüllen und 2/3 reduzieren. Estragon und die restliche Butter beigeben und einkochen, die Sauce durch ein Sieb passieren. Mit dem Schneebesen den Quark verrühren, die Sauce mit der Milch beigeben. Mit den Gewürzen abschmecken.

Sauce Antoine Careme

1 Joghurt
2 EL Weißweinessig
1/2 TL Knoblauchsalz
1 EL Dijonsenf
3 EL Sonnenblumenöl
Dill
Petersilie
50 g Kresse
2 Eier, hart gekocht
Salz, Pfeffer
Worcestersauce

Joghurt, Essig, Salz, Senf und Öl zu einer sämigen Sauce verrühren. Die Kräuter und die geschälten Eier fein hacken und unter die Sauce mengen. Würzen mit Salz, Pfeffer und der Worcestersauce.

Avocadocreme

2 Avocados
1 kleine Zwiebel
2 EL Zitronensaft
3 EL Mayonnaise
2 EL Dill, gehackt
2 EL Petersilie, gehackt
1 Zweigchen Zitronenmelisse
$^1/_2$ Knoblauchzehe
Zitronenzeste
4–5 EL Sahne, geschlagen
Salz, Pfeffer

Die Avocados schälen, das Fleisch durch ein Sieb drücken. Die Zwiebel fein hacken und mit Zitronensaft, Mayonnaise und den pürierten Avocados vermischen. Die Kräuter mit der Knoblauchzehe fein hacken und mit der Zitronenzeste und der steifen Sahne darunterziehen. Abschmecken.

Sauce Vinaigrette

1 kleine Zwiebel
1 Knoblauchzehe
1 Cornichon
1 EL Senf
3 EL Essig
6 EL Sonnenblumenöl
Estragon, Dill, Schnittlauch,
Petersilie
Salz, Pfeffer

Zwiebel, Knoblauch und Cornichon fein hacken. Das Ganze mit Senf, Essig und dem Öl verrühren und die feingehackten Kräuter zugeben. Würzen mit Salz und Pfeffer.

Sauce Aioli

4 Knoblauchzehen
4 EL Mayonnaise, mit
1–2 TL Zitronensaft verrührt
1 Eigelb
2 EL Olivenöl
Salz, Pfeffer

Knoblauch fein hacken oder pressen und mit der Zitronenmayonnaise vermischen, das Eigelb dazugeben. Das Olivenöl nun tropfenweise darunterziehen und mit den Gewürzen abschmecken.

Sauce Superbe

4 EL Mayonnaise
2 EL saure Sahne
1 TL Zitronensaft
1 Prise Zwiebelsalz
Pfeffer, Worcestersauce

Die Mayonnaise mit den übrigen Zutaten vermischen und würzen.

Sennersauce

60 g Melone
40 g Pfirsich, 40 g Ananas
100 g körniger Frischkäse
90 g Fruchtjoghurt oder
Naturjoghurt
80 g Mayonnaise
Salz, Pfeffer

Die Früchte in kleine Würfel schneiden und mit Käse, Joghurt und der Mayonnaise vermischen. Mit Salz und Pfeffer würzen.

Cocktailsauce

4 EL Mayonnaise
2 EL geschlagene Sahne
2 EL Ketchup
Saft von 1 Orange
Salz, Pfeffer, Worcestersauce
1 TL Cognac

Die Mayonnaise mit der Sahne und dem Ketchup vermischen. Den Orangensaft dazugeben. Mit den Gewürzen und dem Cognac abschmecken.

Sauce Pierre

Abgeriebene Schale von ¹/₂ Zitrone
6 EL Mayonnaise
2 EL Zitronensaft
1 Avocado
Schnittlauch
1 dl Sahne, geschlagen
Pfeffer, Salz

Zitronenschale mit Mayonnaise und Zitronensaft vermischen. Die Avocado schälen und fein würfeln, sofort unter die Sauce mengen. Den Schnittlauch fein schneiden und zusammen mit der Schlagsahne darunterziehen und würzen.

Tiroler Sauce

1 Tomate
1 kleine Zwiebel
¹/₂ Bund Basilikum
4 EL Mayonnaise
1 EL Tomatenpüree
Salz, Pfeffer

Die Tomate schälen, entkernen und in kleine Würfel schneiden. Die Zwiebel und das Basilikum fein hacken und der Mayonnaise beigeben. Diese dann mit dem Tomatenpüree vermischen und die Tomatenwürfel beigeben. Würzen mit Salz und Pfeffer.

Tomaten-Vinaigrette

300 g Tomaten
1 kleine Zwiebel
1 Knoblauchzehe
1 EL Petersilie
1 TL Origano
10 cl Olivenöl
4 EL Sonnenblumenöl
3 EL Weißweinessig
Salz, Pfeffer, Worcestersauce

Salzwasser zum Sieden bringen und die Tomaten, oben kreuzweise eingeschnitten, ca. 15 Sekunden überwallen lassen. Tomaten schälen und mit der Zwiebel und der Knoblauchzehe fein hacken. Das Ganze mit den gehackten Kräutern vermischen. Mit Öl und Essig anmachen und abschmecken.

Meerrettichschaum

6 EL Mayonnaise
1 EL Meerrettich, frisch gerieben
1¹/₂ dl Sahne, geschlagen
Salz, Pfeffer, Worcestersauce

Mayonnaise und Meerrettich vermischen. Die Schlagsahne vorsichtig darunterziehen, abschmecken.

Sauce Béchamel

Für 1 Liter
50 g Butter
70 g Mehl
1 l Milch
1 Zwiebel
Nelke
Lorbeer
Salz, Pfeffer

Die Butter schmelzen, mit dem Mehl abrühren und mit der Milch auffüllen. Zwiebel, Nelke und Lorbeer beigeben und unter öfterem Rühren ca. 20 Minuten kochen, dann durch ein Tuch passieren. Abschmecken mit Salz und Pfeffer.

Sauce Crème

Die Sauce Béchamel mit 1 dl Sahne vermischen.

Sauce Mornay

Für 1 Liter
8 dl Sauce Béchamel
2 dl Sahne
100 g Käse, gerieben
20 g Butter
Cayennepfeffer

Eine Sauce Béchamel zubereiten und mit Sahne, geriebenem Käse und Butter vermischen. Abschmecken mit einem Stäubchen Cayennepfeffer.

Sauce Hollandaise

240 g Butter
1 EL Essig
5 Pfefferkörner, zerdrückt
20 g Schalotten, gehackt
1 EL kaltes Wasser
2 Eigelb
Salz
Zitronensaft
Cayennepfeffer

Die Butter im Pfännchen erhitzen, bis sie flüssig ist. Den Essig, die Pfefferkörner und die Schalotten in ein hochwandiges Pfännchen geben und auf dem Herd fast völlig eindünsten lassen (= Reduktion). Das kalte Wasser, die Eigelb und die Reduktion vermengen und im Wasserbad aufschlagen. In mäßiger Wärme die flüssige Butter langsam und unter tüchtigem Rühren unter die Creme mischen. Vorsichtig salzen. Mit Zitronensaft und Cayennepfeffer abschmecken. Durch ein Tuch passieren und lauwarm servieren.

Sauce Mousseline

Die Sauce Hollandaise mit 1 dl geschlagener Sahne vermischen.

Sauce Maltaise

Die Sauce Hollandaise mit in sehr feine Streifchen geschnittener Orangenschale, in Orangensaft weich gekocht, mischen und abschmecken.

Sauce Noisette

Eine Sauce Hollandaise, wie auf Seite 80 beschrieben, zubereiten. 100 g Haselnüsse in wenig Butter anrösten, erkalten lassen und unter die fertige Sauce Hollandaise mischen.
Statt der Hollandaise können Sie auch Sauce Mousseline als Basis verwenden.

Grüne Buttersauce

Von gekochten grünen Spargelstangen das untere Drittel abschneiden und pürieren und einkochen lassen (aufpassen, daß die Masse nicht anbrennt!). Das Spargelpüree unter eine fertige Sauce Hollandaise mischen.

Sauce Béarnaise

Gleiche Zubereitung wie Sauce Hollandaise. Doch anstatt des gewöhnlichen Essigs nimmt man Estragonessig. Als Einlage gibt man gehackte Estragonblätter.

Sauce Choron

Eine Sauce Béarnaise mit wenig Tomatenpüree vermischen.

Spargel-Sahnesauce

20 g Butter
20 g Mehl
4 dl Spargelfond
1 dl Sahne
Salz, Pfeffer

Die Butter schmelzen, mit Mehl abrühren und mit dem kalten Spargelfond auffüllen, ca. 15 Minuten kochen lassen. Die Sahne beigeben und zur gewünschten Dicke einkochen. Abschmecken mit Salz und Pfeffer.

Spanische Spargelsauce

3 dl Spargel-Sahnesauce
40 g Pinienkerne

Die Spargelsahnesauce mit den feingemahlenen Pinienkernen vermischen, eine Zeitlang ziehen lassen, aufwärmen und servieren.

Sahneschaum

1 dl Sauce Hollandaise
2 dl Sahne
Schnittlauch
40 g Reibkäse
Salz, Pfeffer

Wie auf Seite 80 angegeben, eine Sauce Hollandaise zubereiten. Die Sahne steif schlagen und unter die Hollandaise mischen. Den Schnittlauch fein schneiden und mit dem Käse unter die Sauce mischen, abschmecken mit den Gewürzen.

Sahnesauce

1 kleine Zwiebel
20 g Butter
¹/₂ dl Weißwein
5 dl Kalbsfond
2 dl Sahne
Salz, Pfeffer

Die Zwiebel fein hacken und in der Butter andünsten, mit Weißwein ablöschen. Den Kalbsfond dazu geben und einkochen lassen. Die Sahne beifügen und noch einmal bis zur gewünschten Dicke einkochen lassen. Abschmecken mit Salz und Pfeffer. Zuletzt durch ein Sieb passieren.

Marsala-Sahnesauce

Gleiche Zubereitung wie Sahnesauce, doch anstatt mit Weißwein wird mit Marsala abgelöscht.

Sauce Marie-Antoinette

150 g Butter
4 TL Senf
2 Eigelb
1 EL Petersilie, gehackt
Salz, Pfeffer

Butter in Pfännchen schmelzen lassen. Senf und Eigelb in eine Schüssel geben und im Wasserbad schaumig aufschlagen. Die warme flüssige Butter langsam unter die Masse ziehen. Mit Salz und Pfeffer würzen und in einer vorgewärmten Saucière servieren.

Spezialsauce zu grünem Spargel

1 kleine Zwiebel
3 EL Weißwein
Salz
4 Eigelb
2 TL Tomatenpüree
4 EL Sahne,
geschlagen

Die Zwiebel fein hacken und mit dem Weißwein und Salz bei starker Hitze reduzieren. Abkühlen lassen, die übrigen Zutaten beigeben und im Wasserbad schaumig aufschlagen. Evtl. mit Salz und Pfeffer nachwürzen.

Kräutersauce

20 g Butter
20 g Mehl
4 dl Spargelfond
1 EL Petersilie, gehackt
je 1 TL Dill, Estragon, gehackt
Salz, Pfeffer

Die Butter erhitzen und mit Mehl abrühren. Den Spargelfond dazugeben und ca. 20 Minuten kochen lassen. Mit Kräutern und Gewürzen abschmecken.

Schnittlauchsauce

¹/₂ dl Weißwein
1 dl Sahne, ¹/₂ dl Kalbsfond
1 Bund Schnittlauch
1 dl Sahne, geschlagen
Salz, Pfeffer

Den Weißwein in ein Pfännchen geben und zur Hälfte einkochen lassen. Die Sahne beigeben und mit dem Kalbsfond auffüllen, bis zur gewünschten Dicke einkochen. Den Schnittlauch fein schneiden und zusammen mit der steifgeschlagenen Sahne der Sauce beigeben. Abschmecken mit Salz und Pfeffer.

Tomatensauce

1 Zwiebel
2 Knoblauchzehen
15 g Butter
4 Tomaten
je 1 TL Majoran und Basilikum
3 EL Wasser
Salz, Pfeffer, Paprika

Zwiebel und Knoblauch fein hakken und in der Butter andünsten. Die in Würfel geschnittenen Tomaten, Kräuter und Wasser dazugeben und zugedeckt ca. 20 Minuten leicht kochen lassen. Im Mixer pürieren und mit den Gewürzen abschmecken.

Morchelsauce

60 g frische Morcheln
30 g Schalotten
10 g Butter
2 dl Kalbsfond
2 dl Sahne
Salz, Pfeffer

Die Morcheln gut waschen und halbieren, nochmals waschen. Die

Schalotte fein hacken und in Butter andünsten, mit dem Kalbsfond auffüllen. Die Morcheln beigeben und die Sauce einkochen lassen. Die Sahne beigeben und bis zur gewünschten Dicke einkochen lassen, abschmecken.

Beurre Fondue

Geschmolzene Butter, serviert in einer Saucière.

Beurre Noisette

Butter so lange erhitzen, bis sie braun wird und einen herrlichen Nußgeschmack bekommt.

Klassische und internationale Spargel-Spezialitäten

Spargel vom Grill

Für Spargel vom Grill eignet sich dünner und vor allem zarter Spargel. Man sollte deshalb eine Spitzenqualität einkaufen. Den Spargel schälen, kurz blanchieren und mit einem Tuch abtrocknen. Der Spargel wird mit einem Kräuterschnaps bepinselt, mit wenig Olivenöl beträufelt und mit verschiedenen Kräutern wie Petersilie, Kerbel, Dill, Estragon mariniert. Mindestens 1 Stunde ruhen lassen. Wichtig ist ein engmaschiges Grillgitter oder besser noch eine ganze Grillplatte. Diese sollte zu Anfang heiß und sauber sein. Den Spargel auf die Grillplatte legen und ihm nach Möglichkeit ein Muster geben. Die Grillhitze zurückstellen, damit der Spargel schonend fertig gegart werden kann. Zu grilliertem Spargel können Saucen nach Ihrer Wahl serviert werden.

Spargel im eigenen Saft

1,5 kg Spargel
160 g Butter
3 EL Sojasauce

Den Spargel schälen. 60 g Butter, wenn möglich in einem Römertopf, zerlassen und den tropfnassen, halbierten Spargel hineinlegen. Den Topf schließen und so 25 Minuten im eigenen Saft garen. Den Spargel auf gewünschtes Geschirr anrichten. Die restlichen 100 g Butter im Topf zergehen lassen, mit der Sojasauce abschmecken. Den Spargel mit der Sauce übergießen, sie kann aber auch separat serviert werden.

Spargel im Blätterteig

240 g Blätterteig (auch
Tiefkühl-Blätterteig)
1,5 kg Spargel
120 g roher Schinken, in dünne
Scheiben geschnitten
4 dl Sauce Béarnaise (Seite 81)

Den Blätterteig 2 mm dick auswellen und in 10 × 15 cm große Rechtecke schneiden. Ein mit Wasser bepinseltes Blech auslegen und im vorgeheizten Ofen bei 220 °C 8 Minuten backen. Die Rechtecke der Länge nach seitwärts aufschneiden. Den Spargel wie vorgeschrieben (Seite 25) kochen. Die Schinkenscheiben in Butter kurz sautieren und die Hälfte gleichmäßig auf die Böden der Blätterteigrechtecke legen. Den Spargel heiß darauf anrichten und die restlichen Schinkenscheiben darüberlegen. Sauce Béarnaise über den Spargel nappieren. Zuletzt den Teigdeckel schräg daraufsetzen. Servieren.

Spargel Polonaise, Rezept Seite 88

Spargel nach Mailänder Art, Rezept Seite 87

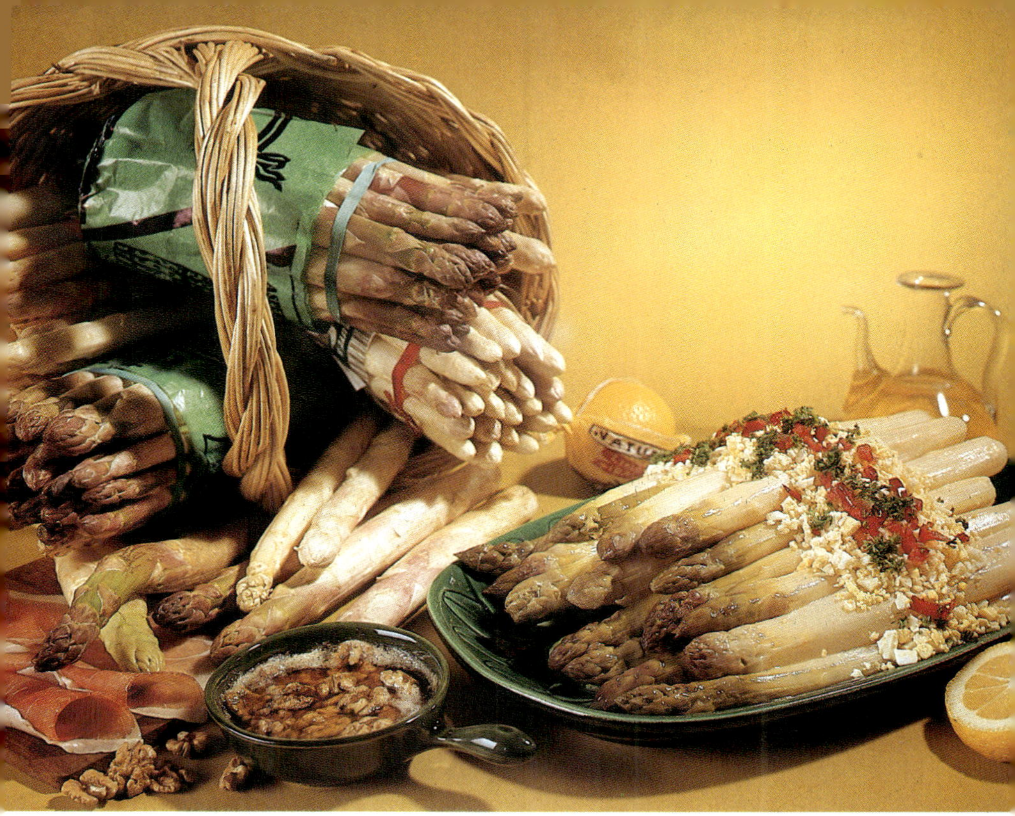

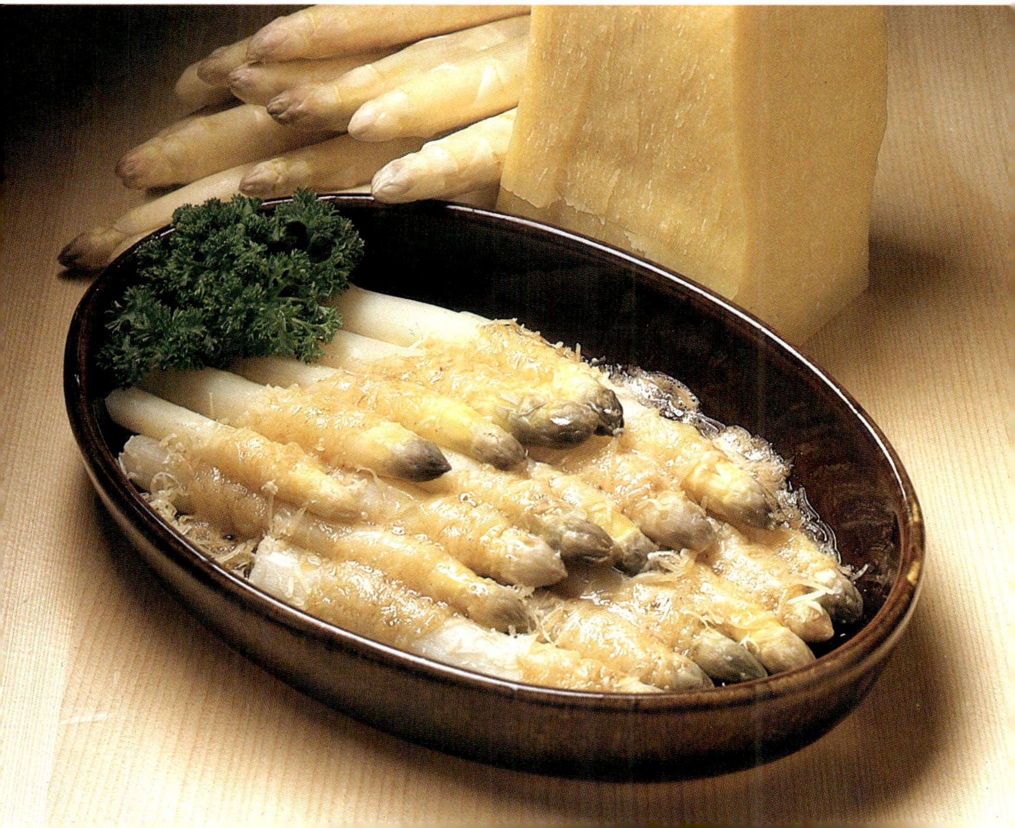

Spargel nach Mailänder Art

1,8 kg Spargel
150 g Sbrinz, gerieben
60 g Butter

Spargel, wie auf Seite 25 beschrieben, kochen und heiß in einer feuerfesten Platte oder auf Teller anrichten. Die Spitzen mit Reibkäse bestreuen, Butterflocken daraufsetzen und im Ofen unter starker Oberhitze überbacken.

Spargel nach alter französischer Art

1,5 kg Spargel
160 g Camembert
100 g Butter

Den Spargel, wie unter Grundzubereitungsart angegeben (Seite 25), kochen und heiß anrichten. Den Camembert in dünne Scheiben schneiden, auf den angerichteten Spargel legen und gratinieren. Die Butter so lange erhitzen, bis sie braun wird und einen herrlichen Nußgeschmack bekommt. Die entstandene Beurre Noisette separat servieren in einer Saucière.

Spargel Ticinese

1,5 kg grüner Spargel
60 g roher Schinken
100 g Butter
100 g Eierschwämme
60 g Parmesan

Den Spargel im Sud kochen. Den Schinken, in Scheiben geschnitten, in wenig Butter erwärmen und aus der Pfanne nehmen. Darin die blanchierten Eierschwämme (evtl. Konserve) sautieren und abschmecken. Den Spargel heiß anrichten, den Schinken und die Eierschwämme darübergeben. Das Ganze mit Parmesan bestreuen und mit der restlichen Butter übergießen.

Blätterteig-Häuschen

240 g Blätterteig (auch
Tiefkühl-Blätterteig)
1,5 kg Spargel

Sauce
1,5 dl Bouillon (Seite 29)
1 dl Weißwein
2 dl Crème fraîche
Salz, Pfeffer

Blätterteig 2 mm dick auswellen, in 10 × 15 cm große Stücke schneiden und im vorgeheizten Ofen bei 220 °C 8 Minuten backen. Den Spargel wie angegeben kochen, das hintere Drittel abschneiden und zusammen mit der Bouillon im Mixer pürieren. Die Masse durch ein Sieb streichen, den Wein beigeben und zur Hälfte einkochen. Die Crème fraîche dazugeben und zur gewünschten Dicke einkochen. Die Blätterteigrechtecke längs seitwärts halbieren. Den heißen Spargel portionsweise darauf anrichten, mit der Sauce nappieren und den Deckel daraufsetzen.

Spargel in Rotweinsauce

1,5 kg Spargel

Rotweinsauce
1,5 kg Spargel
80 g roher Schinken
20 g Butter
10 g Mehl
2 dl Burgunder (Rotwein)
Salz, Pfeffer

Den Spargel kochen. Den Schinken in dünne Streifen schneiden und leicht in Butter andünsten. Mit Mehl bestäuben und mit Rotwein ablöschen, bis zur gewünschten Dicke einkochen und mit den Gewürzen abschmecken. Den Spargel heiß anrichten und mit der Rotweinsauce übergießen, die Spitzen freilassen.

Spargel Polonaise

1,5 kg Spargel

Polnische Sauce
100 g Butter
2 Eier, hart gekocht
1 EL Petersilie, gehackt
2 TL Schnittlauch, fein geschnitten
30 g Weißbrotbrösel, in Butter geröstet
Salz, Pfeffer

Die Butter in einem hochwandigen Pfännchen erwärmen. Die Eier schälen, zusammen mit den Kräutern hacken und zu der flüssigen Butter geben. Die gerösteten Weißbrotbrösel hineingeben und

notfalls noch mit Salz und Pfeffer abschmecken. Den Spargel wie vorgeschrieben (Seite 25) kochen, abtropfen und heiß anrichten. Mit der polnischen Sauce übergießen und servieren.

Spargel Henry IV.

1,2 kg Spargel
100 g Schinken
150 g frische Champignons
30 g frische Morcheln
20 g Butter
4 dl Sauce Mousseline (Seite 80)
10 g Schnittlauch, fein geschnitten
Salz, Pfeffer

Den Spargel im Sud kochen. Schinken, Champignons und Morcheln fein hacken. Im Pfännchen Butter erhitzen, darin Schinken und Pilze andünsten und abschmecken. Die Sauce Mousseline mit dem Angedünsteten vermengen, den Schnittlauch dazugeben. Den heißen Spargel auf eine feuerfeste Platte anrichten und mit der obigen Sauce nappieren. Bei starker Oberhitze im Ofen Farbe nehmen lassen.

Spargel Bündner Art

5 Eier
2 dl Sahne
Pfeffer, Salz
1,5 kg Spargel
50 g Bündnerfleisch in hauchdünnen Scheiben
15 g Butter

Eier, Sahne, Pfeffer und Salz mit dem Schneebesen verquirlen. Butter im Pfännchen erhitzen und aus der Masse Rühreier zubereiten. Den Spargel wie angegeben (Seite 25) kochen, heiß anrichten und die Rühreier über die Enden geben. Das Bündnerfleisch in Butter kurz braten und gerollt über die Spargelmitten legen.

Spargel nach Bierbrauerart

Sud
2 dl helles Bier
2 l Wasser
2 TL Salz
2 TL Zucker
2 EL Butter

1,5 kg Spargel
1 Zwiebel
1 Knoblauchzehe
2 EL Butter
4 TL Madras Curry
1¹/₂ dl Sahne
wenig Speisestärke
Salz, Pfeffer

Den Spargel in den für den Sud angegebenen Zutaten garen. Zwiebel und Knoblauch fein hacken und in der Butter glasig dünsten. Den Curry in wenig Sudwasser auflösen, beigeben und ca. 15 Minuten kochen lassen. Die Sahne und wenig Speisestärke beigeben und mit ¹/₂ dl Sud bis zur gewünschten Dicke einkochen. Mit Pfeffer und Salz abschmecken. Den Spargel nappieren.

Spargel à l'Orly

1,5 kg Spargel
30 g Mehl
3 dl Backteig (Seite 29)
1 dl Tatarensauce (Seite 77)
2 dl Tomatensauce (Seite 83)

Den Spargel im gewöhnlichen Sud nur zur Hälfte garen. Das hintere Drittel wegschneiden und für einen Salat oder eine Suppe gebrauchen. Die Spargelspitzen mehlen und durch den Backteig ziehen. In der Friteuse bei ca. 160–180 °C schwimmend backen. Vorsichtig aus dem Gitter nehmen, evtl. mit zwei Gabeln. Die Spargelspitzen auf einer Stoffserviette anrichten. Separat die pikant abgeschmeckte Tomatensauce und die Tatarensauce reichen.

Spargel Gomser Art

1,5 kg Spargel
120 g Schinken
10 g Butter
4 Tomatenscheiben
Salz, Pfeffer
120 g Raclettekäse

Den Spargel kochen. Den Schinken in Streifen schneiden und in Butter anbraten, auf den heiß angerichteten Spargel geben. Pro Person den Spargel mit einer Tomatenscheibe belegen, mit Salz und Pfeffer bestreuen. Den Raclettekäse, in Scheiben geschnitten, auf den Spargel legen und im Ofen gratinieren.

Spargel überbacken

*1 kg weißer oder grüner
Spargel
Salz
1 Prise Zucker
150 g Parmaschinken
100 g Sbrinz, gerieben
50 g flüssige Butter*

Von den Spargelenden 1 cm abschneiden (junge und zarte Grünspargel brauchen nicht geschält zu
werden). Im Salzwasser mit einer
Prise Zucker knapp weich kochen.
Auf Küchenkrepp gut abtropfen
lassen. Je 3–4 Spargel in eine
Scheibe Parmaschinken einwickeln
und ziegelartig in eine feuerfeste
Platte anrichten. Den Sbrinz über
die Spargelköpfe streuen, mit der
Butter übergießen und im vorgeheizten Ofen bei maximaler Oberhitze goldgelb überkrusten.

Spargel nach Bauernart

*1,5 kg Spargel
20 g Butter
100 g dünne Speckscheiben
150 g Raclettekäse*

Den Spargel wie vorgeschrieben
(Seite 25) kochen. Die Butter in
einer Pfanne erhitzen und den
Speck darin braten. Den Spargel
abtropfen und heiß auf Teller oder
Platte anrichten. Die gebratenen
Speckscheiben aus der Pfanne nehmen und gleichmäßig auf den Spargel geben. Mit dünnen Raclette-
scheiben belegen und gratinieren.

Gratinierter Spargel

*1,5 kg Spargel
3 dl Sauce Mornay (Seite 80)
30 g Käse, gerieben*

Den Spargel, wie unter Grundzubereitungsart angegeben (Seite
25), kochen, gut abtropfen lassen
und heiß anrichten. Die Sauce über
den Spargel nappieren. Mit wenig
geriebenem Käse bestreuen und im
Ofen goldbraun überbacken.

Engadiner Spargel

*1,5 Spargel
100 g Bündnerschinken
4 dl Sauce Béarnaise (Seite 81)*

Den Spargel, wie unter Grundzubereitung angegeben (Seite 25),
kochen, heiß anrichten und mit
Bündnerschinken belegen. Mit der
Sauce Béarnaise die Spitzen nappieren und im Ofen unter starker
Oberhitze überbacken.

Versteckter Spargel

*300 g Blätterteig (auch
Tiefkühl-Blätterteig)
16 Spargelstangen
120 g Schinken
2 Eigelb*

Den Blätterteig 2 mm dick auswellen und 8 Rechtecke von 7 × 12
cm Größe ausschneiden. Den Spargel im Sud garen und auf 10 cm
Länge zuschneiden. Den Schinken

in Streifen schneiden und auf dem Blätterteigboden verteilen. Je zwei Spargelstangen daraufgeben und einwickeln. Das Ganze mit Eigelb bestreichen und im Ofen bei 200 °C 25–30 Minuten backen. Dazu eine kalte oder warme Sauce nach Ihrer Wahl servieren.

Spargel Straßburger Art

1,5 kg Spargel
4 dl Sauce Béarnaise (Seite 81)
100 g Straßburger Pastete
(Delikateß-Geschäft)
ganze Estragonblätter

Den Spargel kochen (Seite 25), heiß anrichten und die Mitten mit der Sauce übergießen. Garnieren mit ganzen Estragonblättern und einer dünnen Scheibe Straßburger Pastete.

Spargel Florentiner Art

1,5 kg Spargel
1 Zwiebel
1 Knoblauchzehe
20 g Butter
1 kg frischer Blattspinat
1 dl Sahne
Salz, Pfeffer
1 l Wasser
1 dl Essig
4 Eier
100 g Butter

Den Spargel im Sud garen. Zwiebel und Knoblauch fein hacken und in Butter andünsten. Den frisch blan-

chierten Blattspinat gut abtropfen und beigeben, mit Sahne, Salz und Pfeffer abschmecken. Wasser und Essig aufkochen, die frisch aufgeschlagenen Eier ins siedende Wasser geben und ca. 3 Minuten pochieren, danach noch 1 Minute im Salzwasser lassen. Inzwischen den Spargel heiß anrichten und über diesen einen Gürtel aus Spinat legen. Die pochierten Eier über den Spinatgürtel geben, über die Spargelspitzen braune Butter gießen.

Spargel alla Zabaione

Original-Rezept aus dem Piemont

1,5 kg Spargel

Zabaione
1–2 EL Wasser
4 Eigelb
75 g Zucker
1 dl Weißwein
Butterflocken
nach eigenem Geschmack etwas Marsala

Den Spargel nach Grundrezept (Seite 25) kochen. Das Wasser, die Eigelb und den Zucker in eine Schüssel oder Kasserolle geben, mit einem Schneebesen im heißen Wasserbad glattrühren. Dann nach und nach den Weißwein dazugeben und unter stetigem Rühren zu einer schaumigen Masse werden lassen. Am Schluß einige Butterflocken darunterziehen. Man kann die fertige Sauce über den Spargel nappieren oder auch separat in einer Sauciere servieren.

Tösstaler Spargel

1,5 kg Spargel
100 g Bauernschinken, in Scheiben
geschnitten
4 dl Sauce Mornay (Seite 80)

Den Spargel wie angegeben (Seite 25) kochen. Den heißen Spargel abtrocknen und anrichten, mit den Schinkenscheiben belegen, die Spitzen freilassen. Über den Schinken die Sauce Mornay geben und im Backofen bei starker Oberhitze überbacken.

Spargel nach Luzerner Art

1,5 kg Spargel
100 g Greyerzer, gerieben
30 g Butter
50 g Mandeln, gehobelt
150 g Schinkenstreifen
1 Bund Petersilie, fein gehackt
1 dl Sahne
Salz, Pfeffer und wenig Muskat

Den Spargel wie vorgeschrieben (Seite 25) kochen, abtropfen lassen und den heißen Spargel so anrichten, daß die Spitzen stufenweise hintereinanderliegen. Mit Käse bestreuen und warm stellen. Die Butter in einem Pfännchen erhitzen und die gehobelten Mandeln goldgelb darin rösten. Schinkenstreifen und die feingehackte Petersilie dazugeben, die Sahne beigeben und ein wenig kochen lassen, würzen. Die Sauce über den angerichteten Spargel gleichmäßig verteilen.

Spargel italienische Art

1,5 kg Spargel
15 g Butter
100 g Parmaschinken
80 g Parmesan, gerieben
80 g Butter
10 g Butter
4 Eier

Den Spargel wie vorgeschrieben (Seite 25) kochen. Die Butter in einem Pfännchen erhitzen und die Schinkenscheiben leicht darin sautieren. Den Spargel aus dem Sud nehmen und gut abtropfen lassen, auf Teller anrichten. Die Schinkenscheiben darauflegen und die Spitzen mit dem Reibkäse und 80 g Butter bestreuen. Im Ofen unter starker Oberhitze überbacken. Im gleichen Pfännchen die restliche Butter erhitzen und darin Spiegeleier zubereiten, diese dann auf die Spargelmitten anrichten. Separat Beurre Noisette (Seite 83) reichen.

Ragout von Spargel mit Frühlingsgemüse

250 g Bleichspargel
250 g Grünspargel
1 Bund kleine Karotten
1 Bund Frühlingszwiebeln
20 g Butter
100 g frische Champignons
1 dl Hühnerbouillon (Brühe)
Salz, Pfeffer, Zucker
50 g Kräuterbutter

Den Spargel schälen (Grünspargel höchstens am unteren Ende) und separat nach Vorschrift garen. Die geschälten Karotten kurz blanchieren und zusammen mit den Frühlingszwiebeln einige Minuten in Butter dünsten. Die geschnittenen Champignons beigeben, kurz mitdünsten und mit der Hühnerbouillon ablöschen. Mit Salz, Pfeffer und wenig Zucker würzen und knackig dünsten. Am Schluß soll keine Flüssigkeit mehr vorhanden sein. Den gekochten Spargel in gleich große Stücke schneiden, zu dem Gemüse geben und alles kurz mit der Kräuterbutter durchschwenken.

Spargelgericht nach Walliser Bäuerinnen Art

Dieses Rezept ist typisch für die Gegend im Wallis, wo Spargelkultur betrieben wird. In der Regel wird von der Bäuerin der Spargel verwendet, der nicht zum Verkauf gelangt, d. h., zerbrochener Spargel oder Spargel ohne Spitzen.

750 g Spargel oder Spargelstücke
750 g Kartoffeln
20 g Butter
80 g Walliser Käse, gerieben
Salz, Pfeffer

Den Spargel im Sud garen und in etwa 2–3 cm große Stückchen schneiden. Die Kartoffeln schälen, in ca. 3 mm dicke Scheiben schneiden und in Salzwasser weichkochen. Eine feuerfeste Platte ausbuttern. Lagenweise Kartoffeln, Spargelstückchen und etwas gerie-benen Käse hineingeben, wobei die oberste Schicht Käse ist. Die einzelnen Lagen würzen. Mit flüssiger Butter beträufeln und im heißen Ofen gratinieren.

Spargel nach alter römischer Art
Original-Rezept

Spargel essen, wie es die alten Römer getan haben. Diese Art, Spargel zu garen, können wir am besten bei einem Picknick, Camping oder zu Hause im Garten ausprobieren. Ich bin überzeugt, Sie werden begeistert sein.

1,5 kg Spargel
Alufolie
Kräuterschnaps
40 g Butter
Petersilie und frischer Kerbel, gehackt
Salz, Pfeffer
Lehm

Den Spargel schälen, waschen und abtrocknen. Alufolie ausbreiten, den Spargel darauflegen, mit dem Schnaps beträufeln und die flüssige Butter darübergeben. Die gehackten Kräuter dazulegen und alles gut in der Alufolie einwickeln. Diese dann in Lehm verpacken und in heißer Glut ca. 30–40 Minuten garen. Wenn nötig, noch etwas würzen.
Auf die gleiche Art zubereitete Schalenkartoffeln mit einer Schnittlauch-Sauerrahmsauce schmecken herrlich dazu.

Spargel St. Jakob

8 Jakobs-Muschelschalen
400 g gekochte Spargelabschnitte
1 EL Kräuterbutter
1 EL Butter
30 g Käse, gerieben
4 Zitronenscheiben

Jakobs-Muschelschalen, in jedem guten Delikateß-Geschäft erhältlich, gut wässern. Die gekochten Spargelabschnitte in die vorgebutterten Muschelschalen dressieren, mit Kräuterbutter und Butterflocken bestecken. Zuletzt den geriebenen Käse darüberstreuen und im Ofen bei starker Oberhitze überbacken. Mit einem Zitronenschnitz servieren.
Nach Wunsch kann man das Gericht noch mit Jakobsmuscheln vervollständigen.

Spargel mit Orangenbutter

1,5 kg weißer Spargel
4 Orangen
1¹/₂ dl trockener Weißwein
1 dl flüssige Sahne
2 Schalotten
Salz, Pfeffer
80 g Butter
2 dl geschlagene Sahne

Den Spargel, wie auf Seite 25 beschrieben, kochen. Jedoch den Saft einer Orange dem Sud zufügen. Die Schale einer Orange in feine Streifen schneiden, die restlichen Früchte auspressen. Saft und Schale mit dem Weißwein zur Hälfte einkochen. Die flüssige Sahne beigeben und nochmals einkochen. Die Schalotten fein hakken, in wenig Butter kurz andünsten und mit der Orangensauce ablöschen, durch ein Sieb passieren, mit Salz und Pfeffer abschmecken. Die restliche Butter in Flocken unter die Sauce schwingen, die Schlagsahne vorsichtig unterziehen. Die Orangensauce über den Spargel geben und im heißen Ofen kurz überbacken.

Spargel Hawaii

1 Orange
2 Mandarinen
1 Banane
2 Ananasscheiben
1,5 kg Spargel
15 g Butter
Salz, Pfeffer
4 dl Sauce Mousseline (Seite 80)

Die Orange und die Mandarinen schälen, die Schnitze voneinander lösen und die Häutchen und Kerne entfernen. Die Banane schälen und in dünne Scheiben schneiden, die Ananasscheiben in kleine Würfel zerteilen. Wie unter Grundzubereitung (Seite 25) angegeben, den Spargel kochen. Die Früchte in einem Pfännchen mit der Butter erhitzen und mit wenig Salz und Pfeffer würzen. Den Spargel heiß anrichten und die Fruchtstückchen über den Spargel geben. Alles mit der Sauce Mousseline überziehen und unter dem Grill gratinieren.

Kalifornische Art

Spargel garen, heiß anrichten, mit in brauner Butter gebratenen Bananenscheiben belegen. Für die Sauce braune Butter mit wenig Ketchup und Weißwein vermischen und nach Belieben über den Spargel gießen oder separat in einer Saucière reichen.

Schweizer Art

Spargel kochen, heiß anrichten. Mit geriebenem Greyerzer Käse bestreuen, mit einem Spiegelei belegen und mit brauner Butter übergießen.

Russische Art

Spargel in einem Kümmelsud garen, erkalten lassen und anrichten. Eine Tatarensauce dazu reichen und gekochte Krebsschwänze.

Italienische Art

Spargel kochen. Parmaschinken, in Streifen geschnitten, in Butter kurz andünsten und über den angerichteten Spargel geben. Mit frisch gehacktem Basilikum bestreuen, Mozzarella darübergeben und mit wenig Olivenöl beträufeln. Im Ofen überbacken.

Norwegische Art

Spargel kochen, in 3 cm große Stücke schneiden. Eine Sauce Mousseline zubereiten und diese mit den Spargelstückchen sorgfältig vermischen. Anrichten und mit gebutterten Weißbrotwürfeln bestreuen. Unter starker Oberhitze Farbe geben.

Japanische Art

Den Spargel schälen und in 3 cm lange Stücke schneiden. Diese Spargelstückchen wie vorgeschrieben garen. Zucker, Sojasauce und Öl vermischen. Den Spargel in ein flaches Geschirr geben, mit der Sauce übergießen und 20 Minuten marinieren. Kann mit Orangen- oder auch Exotenfruchtstückchen verfeinert werden.

Schwedische Art

Spargel kochen, in Butter schwenken, anrichten. Eine Dillsahnesauce zubereiten und über den Spargel nappieren. Garnieren mit Riesencrevetten.

Holländische Art

Spargel so kochen, daß er noch Biß hat, in Weinteig tauchen und in heißer Friture ausbacken. Sauce Hollandaise, vermischt mit gehacktem, hartgekochtem Ei und geschnittenem Schnittlauch.

Spargel mit Fisch und Krustentieren

Spargel mit Rührei und Lachs

5 Eier, 2 dl Sahne
Pfeffer, Salz, Dillspitzen
10 g Butter
1,5 kg grüner Spargel
200 g Räucherlachsscheiben

Eier, Sahne, Salz, Pfeffer und Dillspitzen mit dem Schneebesen verquirlen. Die Butter in einem Pfännchen erhitzen und aus der Masse Rühreier zubereiten. Den Spargel kochen und heiß anrichten, die Rühreier über den Enden plazieren. Die Lachsscheiben rollen und, gleichmäßig verteilt, auf dem Spargel anrichten. Im Ofen bei starker Hitze ganz kurz wärmen.

Spargel nach Seemannsart

1,5 kg Spargel
3 Tomaten
20 g Butter
150 g Crevetten
150 g gekochter Thunfisch
Salz, Pfeffer
3 dl Sauce Hollandaise (Seite 80)

Den Spargel (Seite 25) kochen. Inzwischen die Tomaten kreuzweise oben einschneiden und im kochenden Wasser 15 Sekunden überwallen lassen, unter kaltem Wasser abspülen, schälen, entkernen und in feine Würfel schneiden. Die Butter in einem Pfännchen erhitzen und darin die Crevetten und die Tomatenwürfel erwärmen und abschmecken. Den heißen Spargel abtropfen lassen und auf Teller oder Platte anrichten. Die sautierten Crevetten, Thunfisch und Tomatenwürfel gleichmäßig über den Spargel geben und die Spitzen mit der Sauce Hollandaise nappieren. Im Ofen unter starker Oberhitze überbacken.

Spargel Königin Christine

1,5 kg Spargel
120 g Räucherlachsscheiben
20 g Butter
4 dl Sauce Hollandaise (Seite 80)

Den Spargel (Seite 25) kochen. Die Räucherlachsscheiben in Streifen schneiden und in Butter erwärmen. Den Spargel gut abtropfen und heiß anrichten. Mit den Lachsstreifen belegen und mit der Sauce nappieren. Im Ofen unter starker Oberhitze überbacken.

Spargel mit Seezungenstreifen

1 Schalotte
50 g Butter
Salz, Pfeffer, Worcestersauce
Zitronensaft
800 g Seezungenfilet
2,5 dl Weißwein
600 g Spargel
1,5 dl Sahne
1 TL Estragon, gehackt

Die Schalotte fein hacken und in der Butter andünsten. Die mit Salz, Pfeffer, Worcestersauce und Zitronensaft marinierten Seezungenfilets in gleichmäßig große Streifen schneiden. Die gedünsteten Schalotten mit Weißwein ablöschen und zum Kochen bringen. Die Seezungenstreifen einlegen und zugedeckt bei Mittelhitze durchziehen lassen. Den Spargel knackig kochen (Seite 25), aus dem Sud nehmen und in ca. 3 cm große Stückchen schneiden. Die inzwischen gegarten Fischstückchen aus dem entstandenen Fond nehmen und warm stellen. Die Sahne beigeben und bis zur gewünschten Dicke einkochen, danach den gehackten Estragon beigeben und abschmecken. Die heißen Spargelstückchen zusammen mit den Fischfiletstreifen anrichten und mit der Sauce nappieren.

Spargel Nizza

1,5 kg Spargel
320 g Riesencrevetten, ausgelöst
Salz, Pfeffer, Worcestersauce
Zitronensaft
30 g Mehl, 2 Knoblauchzehen
1 mittelgroße Zwiebel
50 g + 100 g Butter

Den Spargel (Seite 25) kochen. Inzwischen die Crevetten mit Salz, Pfeffer, Worcestersauce und Zitronensaft marinieren, im Mehl wenden. Die Knoblauchzehen und Zwiebel fein hacken und in 50 g Butter andünsten. Die Riesencre-

vetten beigeben und langsam fertigbraten. Den Spargel heiß anrichten und die gebratenen Crevetten diagonal darauflegen. Die verbliebene Butter in ein Pfännchen geben und erhitzen, bis sie braun wird und einen herrlichen Nußgeschmack bekommt, dann über den angerichteten Spargel gießen.

Mittelmeerspargel

1 EL Olivenöl
1 kleine Zwiebel
1 Knoblauchzehe
2 TL italienische Kräuter (Majoran,
Basilikum, Salbei, Thymian)
1 EL Petersilie, gehackt
200 g Vongole (Muscheln)
2 EL Weißwein, 1 EL Essig
150 g Crevetten
1,5 kg Spargel
Salz, Pfeffer
3 dl Sauce Hollandaise (Seite 80)

Das Olivenöl in einer Pfanne erhitzen und darin die feingehackte Zwiebel und Knoblauchzehe zusammen mit den Kräutern andünsten. Die gut gewaschenen Muscheln beigeben und mit Wein und Essig ablöschen. Zugedeckt ca. 15 Minuten dünsten lassen. Währenddessen den Spargel wie vorgeschrieben (Seite 25) kochen und heiß auf Teller anrichten. Das Muschelfleisch von der Schale lösen, mit den Crevetten nochmals kurz aufwärmen und über den Spargel geben. Mit der Sauce Hollandaise nappieren und im Ofen bei starker Oberhitze überbacken.

Fischgeschnetzeltes in Weißweinsauce mit grünem Spargel

500 g grüner Spargel
250 g Seezungenfilet
250 g Salm
1 Zwiebel, 20 g Butter
1 dl Weißwein, 2 dl Sahne
Salz, Pfeffer

Den grünen Spargel wie vorgeschrieben (Seite 25) kochen. Inzwischen das Fischfleisch in Streifen schneiden. Die Zwiebel fein hakken und in Butter glasig dünsten. Das Fischfleisch dazugeben und mit Wein ablöschen, zugedeckt pochieren lassen. Den Fisch aus der Pfanne nehmen und warm stellen. Den entstandenen Fond mit Sahne auffüllen und zur gewünschten Dicke einkochen. Den Fisch wieder dazugeben und mit den Gewürzen abschmecken. Den Spargel heiß anrichten und mit flüssiger Butter bestreichen. Das Fischgeschnetzelte neben den Spargel geben und mit Reis servieren.

Seeteufel in Champagnersauce mit grünem Spargel

1 l Court-Bouillon (Seite 29)
$^1/_2$ dl Champagner
4 Scheiben Seeteufel, à 180 g
15 g Butter, 15 g Mehl
2 dl Fischfond
$1^1/_2$ dl Sahne
Salz, Pfeffer
600 g grüner Spargel

Eine Court-Bouillon zubereiten, aber anstatt Weißwein gibt man den Champagner in die Brühe. Den Fisch ins siedende Wasser legen und so lange pochieren, bis er eine feste Konsistenz hat und sich der »Knochen« mit leichtem Fingerdruck vom Fleisch lösen läßt. Die Butter in einem Pfännchen schmelzen und mit Mehl abrühren, mit wenig Champagner ablöschen, die benötigte Menge Fischfond beigeben und wenig einkochen lassen. Die Sahne beigeben und zur gewünschten Dicke reduzieren. Abschmecken mit Salz und Pfeffer. Wenn nötig, noch zusätzlich mit Champagner parfümieren. Den Spargel (Seite 25) kochen und neben den Fisch anrichten. Als Beilage ist Reis zu empfehlen.

Spargel Palm Beach

1,5 kg Spargel
2 Mandarinen, 1 Orange
150 g Crevetten, 15 g Butter
Salz
4 dl Sauce Mousseline (Seite 80)

Den Spargel kochen. Inzwischen die Mandarinen und die Orange schälen, die Schnitze voneinander lösen und Häutchen und Kerne entfernen. Die Fruchtstückchen mit den Crevetten in Butter erwärmen und abschmecken. Den heißen Spargel abtropfen und auf gewünschtem Geschirr anrichten. Mit den Crevetten und den Fruchtstückchen belegen und alles mit der Sauce Mousseline übergießen.

Spargel mit Fleisch

Kalbsbries
in Schnittlauchsauce
mit grünem Spargel

400 g Kalbsbries
2 l Court-Bouillon (Seite 29)
450 g grüner Spargel
20 g Butter
3 dl Schnittlauchsauce (Seite 82)

Das Kalbsbries unter fließendem
Wasser so lange wässern, bis es
weiß ist. In kaltes Wasser geben
und blanchieren. Ca. 15 Minuten in
der Court-Bouillon bei 70 °C pochieren, im Fond erkalten lassen.
Den Spargel im Sud garen und heiß
anrichten. Das Kalbsbries in Scheiben schneiden, in Butter leicht anbraten und neben den Spargel geben. Das Ganze mit der Schnittlauchsauce überziehen und servieren.

Kalbsmedaillons
in Marsala-Sahnesauce
mit Weinbeeren

450 g grüner Spargel
8 Kalbsmedaillons, à 60 Gramm
Salz, Pfeffer
30 g Mehl
20 g Butter
3 dl Marsala-Sahnesauce (Seite 82)
30 g Weinbeeren
350 g Nudeln
Salz, Muskat
20 g Butter
Paniermehl

Den grünen Spargel garen. Inzwischen die Medaillons würzen und in
Mehl wenden, dann in Butter schön
rosa braten. In die heiße Marsala-
Sahnesauce die Weinbeeren geben.
Die Nudeln in Salzwasser kochen,
abschütten und mit Salz, Muskat
und Butter abschmecken. Die Medaillons auf Teller anrichten und
mit der Sauce nappieren. Die Nudeln neben das Fleisch geben und
mit wenig Paniermehl bestreuen.
Den heißen Spargel zwischen
Fleisch und Beilage anrichten.

Kalbsschnitzel nach
Frühlingsart

8 Kalbsschnitzel, à 70 Gramm
Salz, Pfeffer
30 g Mehl
¹/₂ dl flüssige Butter oder Öl
12 Stangen Spargel
100 g Champignons
ca. 8 Scheiben roher Schinken
3 dl Sauce Hollandaise (Seite 80)

Die Schnitzel würzen, im Mehl
wenden und in Butter/Öl anbraten.
Den Spargel wie vorgeschrieben
(Seite 25) kochen. Die Champignons waschen und in Scheiben
schneiden. Die Kalbsschnitzel anrichten und auf jedes Stück
1 Scheibe Schinken, in Größe der
Schnitzel zugeschnitten, legen. Den
heißen Spargel darauf anrichten
und die in Butter sautierten Champignons gleichmäßig darüber verteilen. Die Spargelspitzen mit
Sauce Hollandaise nappieren und
im Ofen kurz überbacken.

Kalbskotelett Princesse

4 Kalbskoteletts, à 200 g
Salz, Pfeffer
30 g Mehl
20 g Butter
12 Stangen Spargel
1 dl Bratensauce
2 dl Sauce Béarnaise (Seite 81) oder
3 EL Kräuterbutter

Die Koteletts würzen, mehlen und in Butter braten. Den Spargel kochen (Seite 25) oder Konservenspargel in Butter erwärmen. Auf Teller etwas Bratensauce geben und das gebratene Kotelett darauf anrichten. Mit je 3 Spargelstangen belegen. Separat die Sauce Béarnaise oder Kräuterbutter servieren.

Spargelschiffchen

700 g Spargel
100 g frische Morcheln
500 g Kalbfleisch
Salz, Pfeffer
30 g Mehl
20 g Butter
1 Schalotte
20 cl Weißwein
3 dl Bratensauce
2 dl Sahne
4 Blätterteigpastetchen
im Rechteck

Spargel wie vorgeschrieben (Seite 25) kochen. Die Morcheln halbieren und gut waschen. Das Kalbfleisch in Streifen schneiden, würzen, mehlen und in Butter anbraten. Die Schalotte fein hacken und in Butter andünsten, Morcheln beigeben und mit Weißwein ablöschen. Die Bratensauce und die Sahne beigeben und bis zur gewünschten Dicke einkochen, notfalls noch nachwürzen. Zuletzt das Fleisch dazugeben. Den gekochten Spargel in 2 cm lange Stückchen schneiden, zur Sauce mit dem Fleisch geben und darin aufwärmen. Die Blätterteigpastetchen im Ofen wärmen und das Ragout einfüllen.

Spargel nach Kanzlerart

1 kg Spargel
8 Rindsmedaillons, à 60 g
Salz, Pfeffer
15 g Butter
1,5 dl Sauce Béarnaise (Seite 81)
3 EL Kräuterbutter

Den Spargel im Sud garen. Das Fleisch würzen und in Butter rosa braten. Den Spargel anrichten und je 2 Medaillons daraufgeben. Ein Medaillon mit Kräuterbutter, das andere mit Béarnaise übergießen und im Ofen bei starker Oberhitze überbacken.

Spargel königliche Art

8 Kalbsmedaillons, à 50 g
Salz, Pfeffer
15 g Mehl
15 g Butter
1 kg Spargel
2 dl Morchelsauce (Seite 83)
2 dl Sauce Hollandaise (Seite 80)

Kalbsfilet würzen, mehlen und in Butter braten. Den Spargel wie vorgeschrieben (Seite 25) kochen, heiß anrichten und pro Person mit je 2 Medaillons belegen. Ein Medaillon mit Morchelsauce, das andere mit Sauce Hollandaise nappieren. Kurz gratinieren.

Spargeltöpfchen Susanne

250 g Geflügelfleisch
1 kg Spargel
10 g Butter
4 dl Sauce Crème (Seite 80)
Salz, Pfeffer
1 Trüffel

Das Geflügelfleisch im Ofen garen. Den Spargel, es kann auch Bruchspargel sein, kochen und in etwa 3 cm große Stückchen schneiden. Das erkaltete Fleisch in 1 cm breite und 3 cm lange Streifen schneiden. 4 Keramiktöpfchen buttern. Den Spargel und die Geflügelstückchen schichtweise darin einfüllen und würzen. Jede Schicht mit der Sauce Crème überdecken. Im Ofen 15 Minuten backen. Mit ganz feinen Trüffelscheiben garnieren.

Asparagus Cordon bleu

4 dicke Spargelstangen
8 Schweineschnitzel, à 60 g
Salz, Pfeffer
4 dünne Schinkenscheiben
100 g Mehl, 1 Ei, Paniermehl
Salz, Pfeffer
50 g Fett

Den Spargel kochen, wie auf Seite 25 beschrieben. Die Schweineschnitzel klopfen und mit Salz und Pfeffer würzen. Von den Spargelstangen die Köpfe wegschneiden, die Stangen vierteln und gleichmäßig in die Schinkenscheiben einwickeln. Die Schinkenrolle zwischen zwei Schnitzel legen, notfalls mit einem Zahnstocher befestigen, mehlen, durch das aufgeschlagene Ei ziehen und im Paniermehl wenden. Die Schnitzel in genügend Fett goldgelb braten. Beim Anrichten mit den Spargelköpfen garnieren. Dazu gibt man am besten frische Butternudeln oder Kartoffeln und etwas braune Fleischsauce.

Vegetarische Spargelseite

Die folgenden Rezepte sind nur als anregende Vorschläge zu verstehen. Der Leser kann nach eigener Phantasie Variationen daraus ableiten und diesen vielleicht sogar einen eigenen Namen geben.

Gemüse-Risotto mit Spargelspitzen

80 g Zwiebel, fein gehackt
60 g Butter
320 g Rundkornreis (wenn möglich,
»Avorio«-Risottoreis)
1 l helle Fleischbrühe
60 g Parmesan, gerieben
Salz, Pfeffer
8 Stangen Spargel, gleichmäßig
groß
4 Tomaten
150 g frische Zuckererbsen
30 g Butter
1 kleine Schalotte
Salz, Pfeffer

Die Zwiebeln in 20 g Butter dünsten, den Reis dazugeben, vermischen und nochmals kurz dünsten. Mit der Bouillon ablöschen und zugedeckt 20 Minuten langsam sieden. Am Schluß den Käse und die restliche Butter daruntermengen, evtl. würzen. Den Spargel wie vorgeschrieben kochen (Seite 25). Das erste Drittel mit der Spitze abschneiden, den Rest für Suppe oder Salat verwenden. Die Tomaten oben kreuzweise einschneiden und dann in siedendem Wasser 15 Sekunden überwallen lassen, herausnehmen, schälen, entkernen und in kleine Würfel schneiden. Die Erbsen in Salzwasser kochen. Risotto portionsweise in der Mitte des Tellers zu einem flachen Sockel anrichten. Den gekochten Spargel in Butter sautieren und schräg an den Risotto legen. Die Schalotte schälen, fein hacken und in Butter weich dünsten. Die Tomatenwürfel dazugeben, abschmecken und neben die Spargelspitzen anrichten. Die Erbsen ebenfalls in Butter schwenken.

Spargel nach der Förster-Christl

Spargel wie gewöhnlich zubereiten. Dazu ein Ragout von Champignons, Eierschwämmen, Steinpilzen.

Stangenspargel mit Kräutersauce und Sauce Picanta, Rezepte Seiten 76, 77

Spargelpastetli, Rezept Seite 108

102

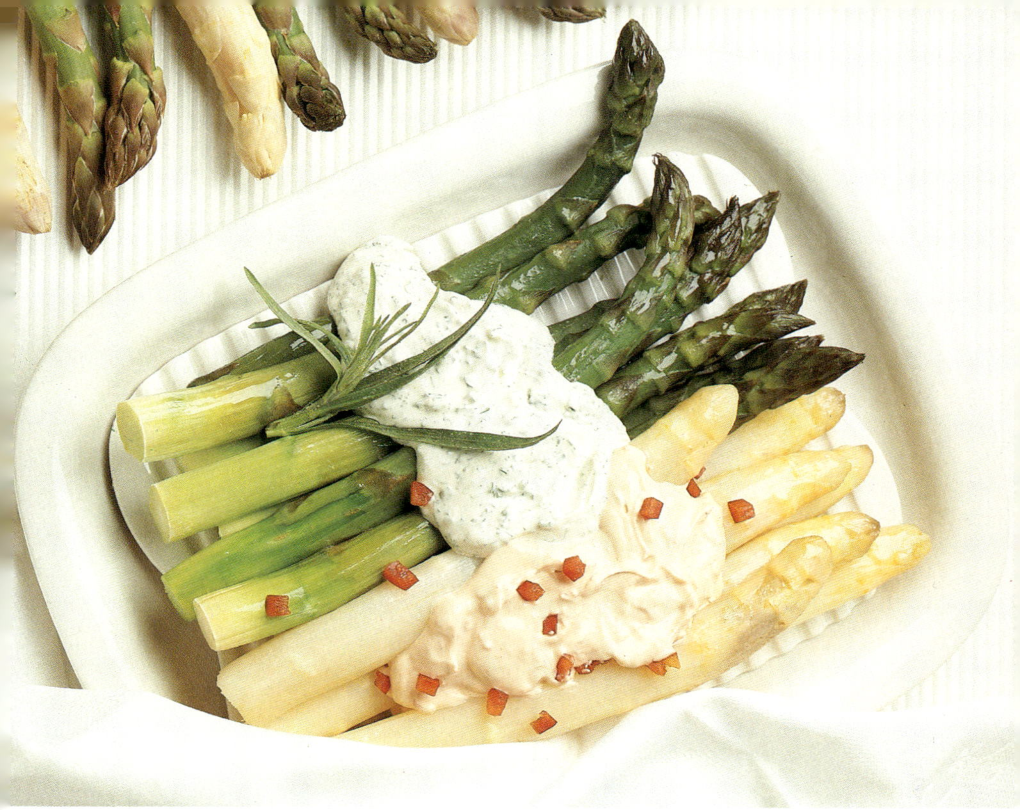

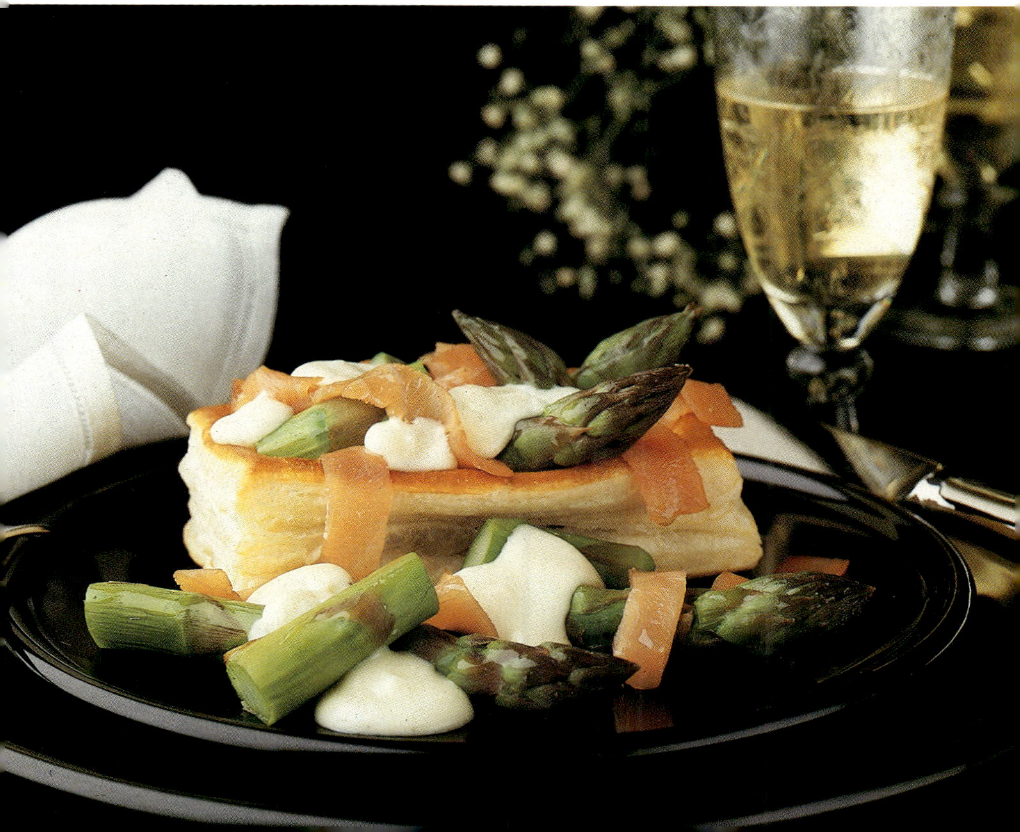

Spargel nach mexikanischer Art

Rote und grüne Paprika in Streifen schneiden und in Salzwasser blanchieren. Den Spargel wie vorgeschrieben (Seite 25) kochen und in 3 cm große Stücke schneiden. Kleine Maiskölbchen und Avocadoschnitze in Butter sautieren und über die auf Teller angerichteten Spargelstücke und Paprikastreifen geben.

»Tropischer« Spargel

Spargel kochen, wie auf Seite 25 beschrieben, heiß anrichten, mit warmen Palmenmarkstückchen garnieren. Bananen schälen, in Mehl wenden und in gehackten Mandelsplittern panieren. In der Fritüre goldgelb backen und zum Spargel servieren.

Spargel nach chinesischer Art

Bambussprossen, Erbsen- und Bohnenkeimlinge garen. Die chinesischen Trockenpilze aufweichen, gut waschen und zusammen mit den anderen Gemüsen sautieren. Abschmecken mit Sojasauce und Glutamat (Geschmacksverstärker). Natürlich können noch viele andere Zusammensetzungen gewählt werden. So auch mit Blumenkohl, Erbsen, Bohnen oder mit Früchten. Doch diese Kreationen überlassen wir Ihnen.

Spargel nach japanischer Art

Spargel knackig kochen. Butter in einer langen Pfanne zergehen lassen, die Spargelstangen darin hellbraun andünsten, mit wenig Limonensaft und Sojasauce ablöschen. Die entstandene Sauce reduzieren und über den Spargel nappieren. Für den fernöstlichen Genießer empfehlen sich hierzu frische, gekochte Meeralgen und Seeigelfleisch.

Spargel-Allerlei

Spargelomelett

10 Eier
Salz, Pfeffer
20 g Butter
16 Spargelspitzen

Die Eier mit dem Schneebesen verquirlen und mit den Gewürzen abschmecken. Crêpes-Pfännchen erwärmen und leicht buttern. Die benötigte Menge der Masse unter Bewegung des Pfännchens dazugeben und die Omeletts zubereiten. In einem zweiten Pfännchen Butter erhitzen und darin den schon gegarten oder Konservenspargel erwärmen. Die Omeletts zusammenlegen, in der Mitte der Länge nach aufschneiden und darin den heißen Spargel anrichten.

Eingewickelte Spargel

1 kg Spargel
240 g Lachsscheiben, à ca. 20 g
4 Scheiben Toastbrot
1 kleine Zwiebel
2 Eier, hart gekocht
50 g Kapern
2 dl Meerrettichschaum
(Seite 79)
Schnittlauch
Dill
Butterportionen à 15 g

Den Spargel kochen und das hintere Drittel abschneiden (für eine Suppe aufbewahren). Gleiche Anzahl Spargel zusammenstellen und diese mit gleich viel verteilten Lachsscheiben umwickeln. Das Brot toasten, der Länge nach halbieren, zusammenlegen und darauf die Spargelwickel legen. Die Zwiebel schälen und in feine Ringe schneiden. Die hartgekochten Eier schälen und in Scheiben schneiden. Den Spargel mit den Zwiebelringen und den Kapern garnieren. Die Eischeiben gleichmäßig anrichten. Einen Meerrettichschaum zubereiten und die Spargelenden mit wenig Sauce nappieren. Den Schnittlauch fein schneiden und über die Sauce streuen. Die Dillspitzen auf die Lachsscheiben legen.

Spargelauflauf I

50 g Butter
50 g Mehl
2,5 dl Milch
5 Eigelb
450 g Spargel
5 Eiweiß
Salz, Muskat, Pfeffer

Die Butter in einem Pfännchen schmelzen und mit Mehl abrühren. Die kalte Milch dazugeben, aufkochen lassen und zu einer glatten Sauce verarbeiten. Etwas abkühlen lassen und die Eigelb einzeln daruntermischen. Den Spargel wie vorgeschrieben (Seite 25) kochen und im Mixer pürieren. Zuerst das Spargelpüree und danach das steifgeschlagene Eiweiß unter die Sauce ziehen, abschmecken. Eine Auflaufform mit Butter auspinseln und mehlen. Die Masse einfüllen und im Ofen bei steigender Hitze (200 °C) ca. 20–25 Minuten bakken. Sofort servieren, da der Auflauf sonst zusammenfällt. Dazu eine Weiße Quarksauce (Seite 77) oder eine Sauce Mousseline (Seite 80) servieren.

Spargelauflauf II

1 kg Spargel
4 dl Sauce Béchamel (Seite 80)
4 Eigelb
2 EL Reibkäse
4 Eiweiß
Salz, Muskat

Den Spargel kochen und im Mixer pürieren. Die abgekühlte Sauce Béchamel mit dem Spargelpüree mischen und danach die Eigelb und den Reibkäse daruntergeben. Das Eiweiß steif schlagen, vorsichtig unter die Masse ziehen, abschmekken und in eine gebutterte Auflaufform füllen. Im Ofen bei steigender Hitze (200 °C) 20–25 Minuten backen.

Spargelvorspeise Maison

16 Stangen weißer Spargel
100 g frische Morcheln, gewaschen, halbiert
10 g Butter
Salz
8 Scheiben roher Schinken
100 g Sbrinz, gerieben
¹/₂ Bund Petersilie, gehackt
80 g Butter

Den Spargel wie vorgeschrieben (Seite 25) knapp gar kochen, er sollte noch etwas »Biß« haben. In der Zwischenzeit die Morcheln in der Butter 3–4 Minuten dünsten und warm stellen. Die Schinkenscheiben in einer beschichteten Pfanne leicht braten und auf vorgewärmten Tellern anrichten. Die Spargel herausnehmen, etwas abtropfen lassen und auf die Schinkenscheiben verteilen. Sbrinz und Petersilie zusammen vermischen und über den Spargel streuen. Die Butter in einem Pfännchen schmelzen, aufschäumen lassen und über die Sbrinzmischung gießen. Mit den Morcheln belegen, servieren.

Spargeltoast mit pochiertem Ei

20 Stangen Spargel, nur die Spitzen
4 Scheiben Toastbrot
1 dl Wasser, 1 dl Essig
4 Eier
Salz
2 dl Sauce Béarnaise (Seite 81)

Den Spargel im Sud garen (die Enden können für eine Suppe verwendet werden). Das Toastbrot toasten und die heißen Spargelspitzen darauf anrichten. Wasser und Essig zum Sieden bringen, die frisch aufgeschlagenen Eier hineingleiten lassen und pochieren, anschließend etwa 3–4 Minuten in heißes Salzwasser legen. Die Eier auf den Spargel geben, mit der Sauce Béarnaise nappieren und unter starker Oberhitze glacieren.

Spargeltoast Sirikit
Vorspeise

4 Scheiben Toastbrot
10 g Butter
4 Scheiben gekochter Schinken
24 Spargelspitzen, frisch gekocht
(Seite 25)
geriebener Käse
4 Eier

Das Toastbrot in Butter beidseitig bräunen und mit dem gebratenen Schinken belegen. Die Spargelspitzen heiß darauf anrichten und mit etwas geriebenem Käse bestreuen. Butter in Pfännchen erhitzen und Spiegeleier zubereiten. Auf jeden Toast ein Ei geben.

Spargelpastetli
Vorspeise

500 g Blätterteig (auch
Tiefkühl-Blätterteig)
1 Eigelb
1 kg grüner Spargel
Salz
20 g Butter
1 Prise Zucker
4 Scheiben geräucherter Lachs,
in Streifen geschnitten

Sauce
1 dl Sahne
150 g Doppelrahmfrischkäse
1 EL saure Sahne
50 g Greyerzer, gerieben
40 g Butter
1 gestrichener TL Speisestärke
Pfeffer aus der Mühle
wenig Salz

Den Blätterteig 6 mm dick auswellen und 8 Rechtecke von 8 × 12 cm ausschneiden. Vier Rechtecke in der Mitte nochmals ausschneiden, so daß ein 1 cm breiter Rahmen entsteht. Die Ränder der 4 ganzen Rechtecke mit Wasser bestreichen und je einen Teigrahmen daraufsetzen. Gut andrücken und 10 Minuten kühl stellen. Mit Eigelb bestreichen und im vorgeheizten Ofen bei 200 °C ca. 15 Minuten backen.

Den Spargel waschen, das untere Viertel schälen, mit Küchenfaden zusammenbinden und in schwach gesalzenem Wasser unter Zugabe von Butter und Zucker in 10–15 Minuten knackig kochen.

In der Zwischenzeit die Sahne, Doppelrahmfrischkäse und saure Sahne in einem Pfännchen erhitzen, den Greyerzer darin schmelzen und mit der Butter verfeinern. Mit der in gleichviel Wasser aufgelösten Speisestärke binden, 5 Minuten kochen lassen und warm stellen.

Die Pastetchen im Ofen nochmals kurz erwärmen. Den Spargel aus dem Sud heben, auf Küchenpapier etwas abtropfen lassen und in mundgerechte Stücke schneiden. Die Pastetchen auf vorgewärmte Teller setzen, Spargel und Lachs in und um die Pastetchen anrichten und die Sauce darüber verteilen. Sofort servieren.

Spargelkuchen

800 g Spargel
20 g Butter
2 Eier
2 dl Sahne
Salz, Pfeffer, Muskat
300 g geriebener Teig
(Seite 29)

Den Spargel wie vorgeschrieben (Seite 25) kochen, dann in Butter leicht anbraten (bräunen), in Stücke schneiden und im Mixer pürieren. Eier, Sahne und Gewürze mit einem Schneebesen verquirlen und mit dem Spargelpüree mischen. Den geriebenen Teig auswellen und ein bebuttertes und bemehltes Blech damit auslegen. Die Spargelmasse darauffüllen und im mittelheißen Ofen 20–25 Minuten backen.

Spargeltorte Venezia

180 g geriebener Teig
(Seite 29)
350 g Spargel, gekocht
25 g roher Schinken
2,5 dl Sahne
1 Ei
1 Eigelb
25 g Parmesan
5 g Petersilie, gehackt
Salz, Pfeffer, Muskat

Den geriebenen Teig auswellen, in eine Form von 26 cm Durchmesser geben, mit der Gabel mehrmals einstechen. Den Spargel wie vorgeschrieben (Seite 25) kochen, ab-tropfen, in der Mitte halbieren und die Form damit auslegen. Den Schinken in Julienne schneiden und auf den Spargel streuen. Die Sahne mit dem Ei, Eigelb, Parmesan, Petersilie, Salz, Pfeffer und Muskat vermengen. Diesen Guß auf die Torte geben. Bei 200 °C auf der mittleren Einschubleiste in 40–50 Minuten backen. Die Torte 10 Minuten ruhen lassen, in die gewünschte Stückzahl schneiden und heiß servieren.

Kalifornische Spargelpastete

20 g Butter
300 g Blätterteig (auch
Tiefkühl-Blätterteig)
200 g Hühnerfleisch, gekocht
300 g Spargel, gekocht
Salz, Pfeffer
1'/₂ dl Sahne
60 g Käse, gerieben
2 Eigelb

Eine Pastetenform mit Butter ausstreichen und den ausgewellten Blätterteig in die Form dressieren. Schichtweise Hühnerfleisch und Spargelstückchen einlegen. Jede Lage würzen, mit Sahne nappieren und mit Käse bestreuen. Zuoberst mit ca. 4 mm dick ausgewelltem Teig decken. Die Ränder leicht andrücken und nach Belieben mit Teigfiguren dekorieren. Ein Luftloch ausstechen, damit die Dämpfe austreten können. Die Oberfläche mit Eigelb bestreichen und im Ofen ca. 20 Minuten backen.

Elsässer Pastete nach Pastor Heyler

3 dl Spargel-Sahnesauce (Seite 81)
150 g Hühnerfleisch, gekocht
400 g Spargel, gekocht
1 Msp. Currypulver
Salz, Pfeffer
Zitronensaft
4 Blätterteigpasteten, fertig
gebacken

Die Spargel-Sahnesauce mit dem in Streifen geschnittenen Hühnerfleisch mischen. Den Spargel in gleichmäßig große Stücke von etwa 3 cm schneiden, zu der Sauce geben, durchwärmen und abschmekken mit Curry, Salz, Pfeffer und Zitronensaft. Die Blätterteigpastetchen im Ofen erwärmen und mit dem Ragout füllen.

Frühlingsterrine

200 g Karotten,
gleichmäßig dick
80 g Frühlingszwiebeln
400 g Spargel
100 g Champignons
100 g Brokkoli
100 g Blumenkohl
40 g Zuckererbsen
1 Bund Schnittlauch
2 Bund Petersilie
8 dl flüssiges Gelee
(Fertigprodukt)

Die Gemüse garen und nach Belieben mild abschmecken. Eine Gelierbrühe zubereiten und die Terrinenform 2 mm dick damit ausgieben, im Kühlschrank 10 Minuten kalt stellen. Den Boden mit Zuckererbsen und Schnittlauchstangen auslegen. Die Gemüse lagenweise einschichten und jede Lage mit Gelee ausgießen. Nach jeder Schicht das Gelee im Kühlschrank erstarren lassen.

Spargelmousse

500 g weißer Spargel
1 dl Spargelfond
2 Blatt Gelatine
$1/2$ TL Cognac
$1/2$ TL Senf
Salz, Pfeffer
1 Msp. abgeriebene Zitronenschale
1 TL Zitronensaft
1 Eiweiß
2 dl Sahne
80 g Schinken

Den Spargel im Sud kochen und zusammen mit dem Spargelfond im Mixer pürieren. Gelatine in kaltem Wasser auflösen und zusammen mit dem Cognac, Senf, Gewürzen, Zitronenschale und -saft der warmen Spargelmasse beigeben. Das Eiweiß und die Sahne steif schlagen und unter die Masse ziehen. Im Kühlschrank erstarren lassen. Den Schinken in Streifen schneiden, auf Teller verteilen und die mit einem Löffel ausgestochene Mousse darauf anrichten. Nach Belieben zusätzlich mit Petersilienröschen ausgarnieren.

Raffinierte Spargelgetränke

Schon die alten Griechen wußten das Spargelwasser zu schätzen. Besonders im Frühling, nach der kalorienhaltigen Winterkost, ist es ein bewährtes Entschlackungsmittel. Man kann das gewöhnliche Kochwasser noch ein bißchen abschmekken und so trinken. Zu empfehlen ist: jeden Tag regelmäßig ein Glas Spargelwasser trinken. Damit es nicht allzu eintönig wird, hier einige exklusive Spargel-Drinks.

Exotic-Drink

Nach Belieben die Menge Spargelwasser mit Mango- und Ananassaft aus der Dose vermischen. Besser ist es, die frischen Früchte ausgepreßt und das Fruchtfleisch geschnitten oder püriert dazuzugeben. Mit einem Strohhalm und je einer Orangen- und Zitronenscheibe servieren. Man kann auch einen Eiswürfel dazu reichen.

Amerikanischer Schlankheits-Drink

Im Spargelwasser auch Schwarzwurzeln kochen. Das Wasser zur Seite stellen und beide Gemüse, den Spargel und die Schwarzwurzeln, wenig pürieren und mit dem Spargelsud vermischen. Nach Geschmack ganz kleine Gurkenwürfel in das Getränk geben.

Gemüse-Cocktail

Frische Rote Bete schälen, waschen und fein reiben. Das Geriebene durch ein Sieb streichen, mit Spargelwasser vermischen und einen Schuß Apfelsaft beigeben.

Hasen-Drink

Karotten schälen und fein reiben, evtl. blanchieren und pürieren. Das Ganze auf einem sauberen Tuch auslegen und ausdrücken. Den Karottensaft mit dem Spargelwasser vermischen und mit einer Zitronenscheibe garnieren.

Spargel-Sanddorn-Getränk

Zu gleichen Teilen Spargelwasser und Sanddorn vermischen und mit einem Spritzer Zitronen- oder Grapefruitsaft abschmecken.

Milchmanns Hausrezept

Ein halbes Glas Fruchtbuttermilch mit einem halben Glas Spargelwasser vermischen. Mit frischen, kleingeschnittenen Früchten garnieren.

Spargel-Kräuter-Getränk

Petersilie, Schnittlauch und wenig Fenchelkraut mit einem Glas Spargelwasser aufkochen, abpassieren und die Kräuter ausdrücken. Mit einer Scheibe Zitrone dazu trinken.

Das große Spargel-ABC

Algerischer Spargel
Der algerische Spargel wird schon im Februar/März geerntet. Er wird mit Flugzeugen eingeflogen, ist daher sehr teuer.

Amerikanischer Spargel
Wer in Amerika von Spargel spricht, meint den grünen. Weißer Spargel wird vorwiegend für die Konservenindustrie angebaut.

Anthozyan
Blauer Pflanzenfarbstoff. Er bildet sich durch kühle Luft am Spargel, sobald das Köpfchen die Erde durchgestoßen hat.

Argenteuil-Spargel
Französischer Spargel aus Argenteuil in der Nähe von Paris. Diese Sorte gehört zu den Buntspargelsorten. Ursprünglich wurde er von Mönchen der Benediktinerabtei Argenteuil angebaut, wodurch er auch seinen Namen bekam. Eine bekannte Pariser Marktsorte wird »Früher Argenteuil« genannt. Zu Anfang der Saison ist er rosafarben und wird bis zum Ende der Saison leicht bläulich-violett.

Aspacade mexikanisch
In Mexiko wird Spargel auf spezielle einheimische Art kandiert und für Gebäck und Süßspeisen verwendet.

Asparagin(säure)
Eine kristallförmige Substanz als medizinischer Wirkstoff, die sich vor allem in den Spargelköpfen befindet.

Asparagus
Englische und lateinische Bezeichnung für Spargel.

Asparagus Albus
Spargelsorte aus Spanien. Sie wird vor allem für Salate und Suppen verwendet.

Asparagus officinalis
Bezeichnung der Apotheker und Botaniker für Spargel. Es gibt verschiedene Arten Spargel als Medizin zu kaufen. Die einen destillieren Spargel und andere kochen sie ab. Dieser Saft wird *rhizoma asparagi* genannt.

Asparagus spears
Stangenspargel (englisch).

Asparagus tips
Spargelspitzen (englisch).

Asperge
Spargel auf französisch.

Asperge blanche
Französischer Spargel von hell-
gelber Farbe und aromatischem
Geschmack.

Asperge bouteille
Siehe Flaschenspargel.

Asperge coupée
Brech- und Bruchspargel (französisch).

Asperge de serre chaud
Grüner Treibhausspargel aus
Frankreich.

Asperge vauclusienne
Französischer Spargel aus der
Landschaft Vaucluse. Von hier er-
folgt der Hauptexport für die Bundesrepublik Deutschland.
Achtung auf französischen Speise-
karten:
Man serviert auch mit Schinken ge-
füllte Artischockenböden von Vaucluse.

Asperge vert
Grüner Spargel (französisch).

Australischer Spargel
Dank dem leichten Boden und dem
Klima ist Australien heute ein be-
deutendes Spargelland. Es wird
grüner und weißer Spargel angebaut, vielfach aber als Konservenspargel exportiert.

Barr Mammoth
Amerikanische Spargelsorte, aus
deren Samen und Beeren auch
Spargel-Whisky destilliert wird.

Bergen op Zoomse
Weiße Spargelsorte, die in der hol-
ländischen Provinz Limburg behei-
matet ist.

Böttners Riesenspargel
Alte deutsche Spargelsorte mit
weißem Kopf.

Burgdorfer Spargel
Bekannte norddeutsche Spargelsorte.

Ceylon-Spargel
Auf Ceylon, dem heutigen Sri
Lanka, wird immer mehr weißer
und grüner Spargel angebaut. Doch
gelangen nur sehr geringe Mengen
außer Landes.

Columbian Mammoth White
Weißer amerikanischer Spargel.
Man erkennt ihn an den sehr gro-
ßen Stangen.

Componere asparagus
Einlegen von Spargel nach alter rö-
mischer Art mit Salz und verschiedenen Gewürzen.

Cut Spears
Englische Bezeichnung auf Dosen
für Spargelabschnitte.

Dänischer Spargel
Auch aus Dänemark wird Spargel
exportiert. Er gelangt meist auf den
deutschen Markt und ist zu verglei-
chen in Geschmack und Wuchs mit
dem aus der Schweiz und
Deutschland.

Dörrspargel
In früherer Zeit haben die Bauern
Spargel am Ofen gedörrt. Dies ist
heute noch Tradition in südlichen
Ländern. Der Spargel wird mit

einer Nadel auf Bindfäden gezogen und in Ketten an die Decke gehängt, in der gleichen Art, wie es die ostfriesischen Bauern nach alter Sitte machen.

Flaschenspargel
(Französisch: Asperge bouteille). Spargel, in Flaschen gezogen. Diese Methode ist seit Jahrhunderten bei den Spargelbauern im Département Meuse bekannt und Tradition. Sobald die Triebe aus der Erde wachsen, werden Flaschen oder auch große Korbflaschen darübergestülpt. Der Spargel wächst bis zum Flaschenboden empor, kehrt wieder um, wächst zum Boden zurück und so fort, bis die Flasche gefüllt ist. In einem alten deutschen Lexikon heißt es:»Flaschenspargel wird eher reif, ungemein schön und dick.«

Formosa-Spargel
Formosa (Taiwan) soll das größte Spargelanbaugebiet der Welt sein. Formosa-Spargel wird meistens als Bleichsorte in Dosen und auch tiefgefroren angeboten.

Früher Burgunder
Gelblich-grüner Spargel aus Burgund in Frankreich. Mit lockeren Köpfen, aber sehr feinem Geschmack.

Geo-Spargel
Ursprünglich schlesische Spargelsorte. Sie zeichnet sich aus durch ihre Widerstandsfähigkeit gegen den Spargelrost, einer Pflanzenkrankheit. Nunmehr werden sie im sächsischen Gebiet nördlich von Dresden in der DDR angebaut.

Green Asparagus
Grüne englische Spargelsorte.

Gustus asparagus
Daß Spargel den Appetit anregt, wußten bereits die alten Römer. So kreierte ein Koch das Römische Spargelvoressen.

Holländischer Spargel
Holland ist ein großer Spargel-Exporteur. Besonders die Bundesrepublik Deutschland ist ein führender Abnehmer. Die wichtigsten Anbaugebiete sind die Provinzen Limburg und Nordbrabant.

Hopfenspargel
Keimlinge von Hopfen – Hopfensprossen –, die wie Spargel verwendet werden.

Hothouse-Asparagus
Grüner Spargel englischer oder amerikanischer Art, der in Treibhäusern gezogen wird.

Israel-Spargel
Israel arbeitet sich zu einem großen Spargel-Exporteur empor. Durch das ausgeglichene warme Klima beginnt die Saison schon im Oktober/November.

Kalifornischer Spargel
Im Sonnenland Kalifornien wird der begehrte Grünspargel angebaut und in großen Mengen exportiert.

Martha Washington
Alte amerikanische Spargelsorte mit weißen Köpfen.

Mary Washington
Pflanzenrostfreie amerikanische Spargelsorte mit weißen Köpfen. Sie wird auch in Holland angebaut.

Oyster Bay
Feiner, aber sehr teurer amerikanischer Spargel.

Palmetto
Eine der ältesten amerikanischen Spargelsorten.

Requita asparagus
Die alten Römer legten einen Wintervorrat an. Sie strichen den Spargel mit Honig ein und legten ihn noch in eine Marinade mit Honig.

Salire asparagus
Einsalzen von Spargel nach altrömischem Muster.

Seneca Washington
Grünspargel aus Kalifornien.

Spanischer Spargel
Die Spanier bauen ihren Spargel vor allem im Ebrotal, Navarra und Logorno an. Nur ein geringer Teil wird exportiert. Meistens werden sie in Spanien selber für die Konservenindustrie gebraucht.

Structor asparagus
Koch in der römischen Küche, der für das Zubereiten von Spargel zu sorgen hatte.

Südafrika-Spargel
Südafrika liefert Spargel vor den einheimischen Sorten, sogar schon im Dezember. Man läßt ihn dort als Zierstrauch wachsen.

Vendôme-Spargel
Grüner französischer Spargel von hervorragender Qualität.

Vroege van Argenteuil
In Holland angebaute Spargelsorte, die dem französischen Frühen Argenteuil nachgezüchtet worden ist.

Walbeck
Spargel aus der größten Spargelzuchtanstalt Deutschlands in Walbeck.

Wilder Spargel
Der wilde Spargel gilt bei Kennern als besonders würzig und schmackhaft.

Küchen-Fachausdrücke

Ablöschen
Mit einer Flüssigkeit (Wein, Fond) das Gebratene übergießen.

Abschmecken
Das Gericht mit Gewürzen verfeinern (würzen).

A part
Separat in einem Geschirr servieren.

Blanchieren
Gemüse in sprudelnd kochendem Wasser kurz überwallen lassen.

Chiffonnade
Suppeneinlage aus Salatblättern, die in feine Streifen (5 mm breit) geschnitten werden.

Fond
Grundbrühe, z. B. das Wasser, in dem man den Spargel gekocht hat.

Glacieren
Unter starker Oberhitze wenig Farbe geben.

Gratinieren
Bei starker Oberhitze oder unter dem Grill überbacken.

Marinieren
Würzen von Fischen und großen Fleischstücken durch Einlegen in eine würzige Flüssigkeit oder Einreiben mit Trockengewürzen.

Nappieren
Etwas mit Sauce überziehen.

Passieren
Sauce, Suppe oder Brühe durch ein Sieb oder Passiertuch treiben.

Pochieren
Langsam in Flüssigkeit unter dem Siedepunkt gar werden lassen.

Sautieren
Kleingeschnittenes in der Pfanne in heißem Fett braten oder anbraten.

Saucière
Saucentöpfchen.

Salamander
Glühende Grillspiralen, oben zugedeckt.

Zeste
Das Gelbe von Orangen- oder Zitronenschale, fein abgerieben oder in ganz feine Julienne geschnitten.

Rezept-Register

118

Ein heißer Tip: BLV Kochpraxis

Vincenzo Buonassisi

Nudel & Nudel

Die besten Rezepte Italiens für
Spaghetti, Makkaroni, Lasagne,
Cannelloni, Tagliatelle, Gnocchi und
Tortellini als Hauptgericht, Beilage,
Vorspeise oder Dessert sowie Anre-
gungen für interessante Variationen.
2. Auflage, 128 Seiten,
zahlreiche Zeichnungen

Christa Muhle-Witt

Pasteten, Torten und Strudel

Pikantes in Hülle und Fülle: Rezepte
für Pasteten in der Form, Terrinen,
Galantinen, Schaumbrote, Füllpaste-
ten, pikante Torten und Strudel,
Fleisch in der Teigkruste und passende
Saucen.
135 Seiten, 5 Farbfotos,
11 Zeichnungen

Gunvar Dumrath

Paradiesische Apfelküche

Rezeptideen für das Kochen und
Backen mit Äpfeln; Informationen
über die verschiedenen Apfelsorten,
zahlreiche Serviervorschläge und wert-
volle Tips und Hinweise zu Lagerung
und Konservierung.
2. Auflage, 110 Seiten

Emil Reimers

Köstliches aus der Pilzküche

Über 150 Rezepte für Sammler und
Feinschmecker sowie Informationen
über Zubereitung, Lagerung und
Haltbarmachung.
120 Seiten, 41 Farbfotos

Veronika Müller

Überbackenes, Aufläufe und Puddings

Erprobte Rezepte für Pikantes und
Süßes aus dem Ofen: Flans, Gratins,
Soufflés, Aufläufe und Puddings.
Erläuterungen über Küchentechniken
sowie Wissenswertes über geeignete
Kochgeschirre.
139 Seiten, 9 Farbfotos,
6 Zeichnungen

Helga Tenschert

Engelsbrot und Eisenkuchen

Nahezu 100 alte Originalrezepte für
das Backen mit Oblaten: Marzipan,
Zeltchen und Fruchtschnitten, Makro-
nen und Baisers, Oblatentorten, Leb-
kuchen und Schmalzgebackenes.
Ausgezeichnet mit der Silbermedaille
der Gastronomischen Akademie
Deutschlands.
127 Seiten, 29 Faksimiles

BLV Verlagsgesellschaft München